DIE 50ER

Hans Hütt

DIE 50ER

EIN JAHRZEHNT IN WÖRTERN

Dudenverlag

Berlin

INHALTSVERZEICHNIS

EINE ZEITREISE IN DIE 50ER 5

ALLTAG 6
ABF 7 · Halbstarke 8 · Hobby 10
Hula-Hoop-Reifen 11 · Jo-Jo 13
klammheimlich 14 · Kugelschreiber 15
nachbeten 16 · nachdenken 17
Seifenkistenrennen 19

WOHNEN 20
Fernseher 21 · Gummibaum 23
Nierentisch 24 · Schwedenküche 26
Tiefkühltruhe 27

GENUSS 28
Coca-Cola 29 · Currywurst 31
Kaugummi 32 · Milchbar 33
Muckefuck 34 · Nichtstun 35

UNTERHALTUNG 36
Comeback 37 · Kintopp 38 · Okay 39
Plattenwechsler 40 · Rock 'n' Roll 41
Schönheitskönigin 42 · Show 44
Tagesschau 45 · Taschenbuch 48
Testbild 49 · Tiritomba 50
Transistorradio 51

NEUE SITTEN 52
aufreißen 53 · bezirzen 54 · Flittchen 55
Nachgeborene 56 · Nachhauseweg 57
Playboy 59 · Sex 60 · Taxigirl 61

MODE 62
Bikini 63 · Bleistiftrock 65
Bluejeans 66 · Kunstseide 67
Petticoat 68 · pflegeleicht 70
Übergangsmantel 71

LEIBESÜBUNGEN 72
Abseits 73 · Endspiel 74
Fritz-Walter-Wetter 75
Strafraum 76 · Schiedsrichter 77
Schlachtenbummler 78

VERKEHR 80
Caravan 81 · Goliath 82
Motorroller 83 · Radar 84
Volkswagen 85 · Zwischengas 87

FORTSCHRITT 88
Raumfahrt 89 · Sputnik 91
Sterbehilfe 92 · Stress 93 · Yeti 95

POLITIK 96
Atombombe 97 · Demoskopie 99
Hohe Kommisssare 100
Juliusturm 101
Lastenausgleich 102
Lobbyist 103 · Pressebaracke 104
Schlussstrich 105 · Subbotnik 107
Tuchfühlung 108
Wiederbewaffnung 109
Wiedervereinigung 111

WIRTSCHAFT 112
Bückware 113
Fünfjahr(es) plan 114 · GEMA 116
Girokonto 117 · Job 118
Montanunion 119 · nachbessern 121
Schwarzarbeit 122
Sozialpartner 123 · Stromsperre 124
Wirtschaftswunder 125

BILDNACHWEIS, IMPRESSUM 128

Meine Zeitreise taucht ein in das Jahrzehnt, in dem ich geboren wurde, aber noch zu klein war, um schon als Protokollant durch die Welt zu laufen. Ich lausche Wörtern hinterher, die in diesem Jahrzehnt erstmals in den Duden aufgenommen wurden. Manche kommen so steil daher, dass erst ein Reim von Heinz Erhardt ihre Fremdheit auflöst. Was dabei alles in den Blick gelangt, ist erstaunlich. Die 50er Jahre sind ein Wunder im Korsett überkommener Konventionen. Bis die Menschen sich daraus wirklich freistrampeln, vergehen noch ein paar Jahre, aber der Anlauf ist genommen.

Gute Reise!

Hans Hüll
Berlin, im Oktober 2018

ALLTAG

Die 50er Jahre werden oft unterschätzt und belächelt. Doch das Land wird in diesem Jahrzehnt modern. Altväterlich sieht die Kulisse aus. Wären da nicht die Halbstarken, einige Importe aus Amerika und die soziale Marktwirtschaft, könnte man den Eindruck gewinnen, es bliebe alles beim Alten. So ist es aber nicht. Ein Gigant erhebt sich aus den Trümmern, sieht aber aus wie Großonkel Fritz.

ABF ■ Die Abkürzung steht nicht für Abflug, sondern für Aufstieg. Die **A**rbeiter- und **B**auern-**F**akultäten der frühen DDR ermöglichen Aufstieg durch Bildung. Im Westen verspricht Ludwig Erhard »Wohlstand für alle«. Im Osten hält man Bildung zuvor Benachteiligter für wichtiger. Fräulein Rose Paal bekommt die erste Eins in der Geschichte der ABF. Mit Hochmut schauen manche auf das Experiment herab, bis Absolventen zeigen, was in ihnen steckt und ihre Talente zur Entfaltung bringen. Hermann Kant hat in dem Roman »Die Aula« den ABF ein Denkmal gesetzt. Der Osten macht einer von Diktatur und Krieg versehrten Jugend ein Angebot, das begeistert angenommen wird. Der soziale Hunger danach ist groß, Dünkel über »bildungsferne Schichten« unangebracht. Das Vorbild aus den frühen Jahren der DDR-Geschichte könnte sich für eine Wiederaufnahme in unserer Zeit empfehlen. Das von ihnen ausgehende Aufbruchssignal sollte jedenfalls nicht noch einmal unterschätzt werden.

Halbstarke ■ Auf den Champs-Élysées kommen Horst Buchholz und Karin Baal als »Les Démi-Sels« (»Die Halbgesalzenen«) in die Kinos. Gerhard Klein setzt ihnen mit dem DEFA-Streifen »Berlin – Ecke Schönhauser« 1957 auch im Osten ein Denkmal. Neu ist ihr Auftreten nicht. Schon Jean Paul spricht in einem Brief von Halbstarken, »die einem Rathe widerstehen, um ihn endlich spät als eigenen zu befolgen«. Sie sind minderjährig, brausen auf zu lauten Mopeds durch die Straßen, tanzen Bebop oder Jitterbug. Halbstarke sind Stammkunden der Milchbars und tragen Nietenhosen. Mädchen in Petticoats und mit Pferdeschwanz finden Halbstarke niedlich. Mit Pomade im Haar formen sie eine Internationale des Aufbegehrens. Conny Froboess, Bill Haley und Elvis Presley singen ihre Hits, die sie mit Kofferradios in die Straßen tragen. Ist die Jugend schon immer so gewesen? Manche behaupten, die Einführung der Wehrpflicht habe das Problem der Halbstarken gelöst. In Italien nennt Federico Fellini sie »Müßiggänger« (»I Vitelloni«).

HALBSTARKE

Halbstarke ■ *Szenenfoto aus der legendären Krimiserie »Stahlnetz«, die sich von 1958 bis 1968 regelmäßig als Straßenfeger erweist. In dem »Tatort«-Vorgänger zeigen Autor Wolfgang Menge und Regisseur Jürgen Roland die dunklen Seiten des Wirtschaftswunders.*

HOBBY

Hobby ■ Nachdem die Gewerkschaften die Fünftagewoche durchgesetzt haben, beginnt sein Siegeszug. Es setzt dem Alltag etwas selbst Bestimmtes gegen die Zumutungen der Geschichte entgegen. Anfangs hat man einen Hobby, bis es, sächlich geworden, altmodische Wörter wie »Grille« und »Liebhaberei« ersetzt. Mit dem Ypsilon am Ende klingt es auch irgendwie moderner als »Steckenpferd«. Steuerrechtlich ist es nicht absetzbar. Zu ernst betrieben, wirkt es lächerlich. Es trägt angeblich dazu bei, Leben zu verlängern und Ehen zu erhalten, auch wenn das nicht immer sinnvoll ist. Es zeigt keine Scheu vor dem Absonderlichen. Vor allem bezeugt es den bescheiden wachsenden Wohlstand der 50er Jahre. Man frönt ihm, aber der Spaß hat seinen Preis. Wer kein Hobby hat, macht sich verdächtig. Es atmet Mitmachzwang, verwandelt aber auch mitunter unangenehme Eigenschaften in etwas Erhabenes. Es verhilft den Einsamen in der Masse zu einem bescheidenen Daseinszweck.

Hula-Hoop-Reifen ■ Dieser Reifen kreist um die ganze Welt. Manche hält er vom Aufbau des Sozialismus ab. Ohne Lust geht es nicht. Mit seiner Hilfe entdecken die Menschen eine Körperregion, die zuvor oft sträflich vernachlässigt wurde. Nun ist es an der Zeit, die Hüften geschmeidig zu bekommen. Conny Froboess macht es vor. Das Kreisen des Reifens bringt Schwung in die Körpermitte. Puritaner schauen sauertöpfisch zu, aber auch nicht weg. Das Kreisen erinnert nicht wenig an ein Vergnügen, das ohne Reifen zu genießen ist. »Jeder kann es schnell begreifen, man braucht nur 'nen Hula-Reifen«, singt Ted Herold. Weil sein Siegeszug rund um die Welt nicht zu verhindern ist, nutzt man ihn schließlich auch therapeutisch. Physiotherapeuten kräftigen mit ihm die Stützmuskulatur und das Bindegewebe ihrer Patienten und preisen es als ideales Geschenk für die frühe Phase der Schwangerschaft. So kommt der Hula-Hoop-Schwung um die Hüften werdender Mütter auch ihren Embryos zugute.

Hula-Hoop-Reifen

Hula-Hoop-Reifen ■ *Kalifornische Schulkinder demonstrieren 1959 stolz ihren neuen »Weltrekord« in der Disziplin »Wie viele Kinder passen in einen Hula-Hoop-Reifen?«. Üblicherweise besteht die Kunst darin, den Reifen durch die Bewegung der Hüften um die Taille kreisen zu lassen, ohne dass er zu Boden fällt.*

Jo-Jo ◼ Wie manches Spielzeug, dem man es auf den ersten Blick nicht ansieht, findet es aus dem Waffenarsenal seinen Weg in die Kinderzimmer und in den Metaphernsalat der Wirtschaftsprosa. Das Auf und Ab des Jo-Jos wird sprichwörtlich für die gedankenlose Beschreibung der Märkte und Börsenkurse. Hilde Knef dient es als Metapher für die Bewegung des eigenen Leibes und den Verdruss über alliierte Hilfsbereitschaft, die ihr zu weit geht. »Die Sünderin« hat nichts übrig für Sünden der anderen. Im Norddeutschen versteht man es schon immer, aber ohne Bindestrich. Ein »Jo« gilt dort bis heute als vollständiger Satz. Der Volkssport erfordert Geschicklichkeit; er geht nicht allen leicht von der Hand. In Paketen kommen Jo-Jos zusammen mit Kosmetikspiegeln, Taschenmessern, Polohemden, Kugelschreibern und Feuerzeugen über den Atlantik. Wer nichts Besseres im Wirtschaftswunder zu tun hat, versucht die Strecke zu berechnen, die sein Jo-Jo im Laufe von Jahrzehnten zurückgelegt haben wird.

klammheimlich

klammheimlich ■ Ein Turbowort, das dem
»heimlich« etwas hinzufügt, von dem man
nicht weiß, ob es dadurch an Kraft gewinnt.
Beim Klammheimlichen scheint es sich um
etwas zu handeln, das vielleicht gar nicht so
heimlich ist. Man kommt einem anderen auf
die Schliche und reibt ihm unter die Nase, dass
der Versuch, etwas zu vertuschen, misslungen
ist. Aus dem Wort spricht etwas umständlich
die beobachtende Öffentlichkeit, die nicht alles
wissen will, aber die es missbilligt, wenn ihr etwas verheimlicht wird. Mit dem vorwurfsvollen
»klammheimlich« verschafft sie sich Genug-
tuung über das Scheitern eines unanständigen
Versuchs. In den Vorwurf mischt sich daher
auch Schadenfreude über das Scheitern. Ety-
mologisch ist es eines der Wörter, die etwas
verdoppeln und dadurch an Kraft verlieren. Es
hat nichts mit dem feuchten »klamm« zu tun,
sondern verdankt sich dem lateinischen Wort
»clam« und das heißt »heimlich«. Klammheimlich ist daher ein Heimlichheimlich und stiehlt
sich durch die Verdoppelung wie von selbst
vom Acker der ihm zugedachten Bedeutung.
Kleine Sünden werden hingenommen.

Kugelschreiber ■ Zu Beginn des Jahrzehnts kostet er atemberaubende 20 DM, wird aber schon bald alltäglich. Anfangs ist er nur zum Schönschreiben bestimmt, aber nicht in den Schulen, denn da bleibt er noch lange verboten. Bei Widmungen ist zu bedenken, dass er unauslöschlich ist, was Vorsicht gebietet. Als Statussymbol verleiht er seinen Nutzerinnen diskrete Modernität. Doch wird er bald schon Gegenstand behördlicher Verordnungen und postamtlicher Beschränkungen. Gegner der technischen Modernisierung fordern die Rückkehr zur Breitzugfeder. Der Kugelschreiber gilt schon früh als Feind deutscher Bleistifte. 20 Romanciers wird zum Ende des Jahrzehnts zugetraut, dass ihnen mit Kugelschreiber oder Maschinentasten der große Wurf gelänge. Ein Kugelschreiber wird gar Gegenstand eines Strafverfahrens. Das *corpus delicti* enthüllt, je nach dem, wie man es hält, eine Dame, was den Kugelschreiber schwer jugendgefährdend macht und seinem Vertriebsmann eine Geldstrafe von 50 DM einträgt.

nachbeten ■ Wie alle Verben, denen etwas hinzugefügt wird, verliert auch das Beten durch die Vorsilbe an Kraft. Es wird daher zuweilen nicht ganz ernst genommen. Ihm scheint die eigene Prüfung zu fehlen, wenngleich ihm auch etwas Verzweifeltes unterstellt werden kann. Beim Nachbeten kann man heimlich auch an etwas anderes denken, es merkt ja keiner. In einem Jahrzehnt, das das Mitlaufen als Tugend missversteht, gedeiht das Nachbeten vortrefflich. Es mache leere Köpfe zu vorbildlichen Schülern, schreibt C. G. Jung. Indem es durch unablässige Wiederholung der Gefahr des Irrens zu entgehen versucht, bleibt ihm erspart, eigenes Denken zu erproben. Nachbeter lieben Vorbeter von ganzem Herzen. Das nicht gelingende Nachbeten kann unter den Verdacht des Abweichlertums geraten, was die Vermutung nahelegt, dass eine Kultur des Nachbetens nicht ohne Überwachung auskommt. Das übernahmen in den 50ern auf der einen Seite der Mauer das Ministerium für Staatssicherheit, auf der anderen die lieben Nachbarn.

nachdenken

nachdenken ■ Es passt zu einer sich beschleunigenden Kultur, aber ernsthaft betrieben verzögert es. Mitten im Leben findet es keinen Platz, es sei denn, man denkt wie Strafverteidiger Sir Wilfrid über einen besonders schwierigen Fall nach, in dem Marlene Dietrich als »Zeugin der Anklage« auftritt. Der Vorschlag einer Verständigung mit dem Osten wirkt in der Bundesrepublik der 50er Jahre so abwegig, dass man darüber keineswegs nachgedacht haben kann. Wer das »Nachdenken« mit Misstrauen betrachtet, erklärt es für müßig. Doch undurchdachte Gedanken zerplatzen wie eine Schweinsblase, in die man mit einer Nadel sticht. Victor Klemperer schreibt in sein Tagebuch: »Nicht nachdenken!« Daraus spricht Verzweiflung über die politische Kultur des Jahrzehnts. Wie kommt es zu dem Eindruck, als sei nichts geschehen? Manchen Zeitgenossen ist nicht anzusehen, ob sie schlafen oder nachdenken. Ein amerikanischer Arzt soll festgestellt haben, dass die meisten Menschen nur eine Viertelstunde täglich wirklich nachdenken. Immerhin.

Seifenkistenrennen ■ *1951 findet in Zürich das 1. Schweizerische Seifenkistenrennen statt. Der ursprünglich amerikanische Jugendsport erreicht Deutschland und die Schweiz nach dem Zweiten Weltkrieg und wird dort begeistert aufgenommen.*

Seifenkistenrennen ■ Sie kreuzen die Verehrung für Silberpfeile und für Rennfahrer wie Rudolf Caracciola, Hans Stuck und Bernd Rosemeyer mit einer Umerziehungsidee der Amerikaner. Die Amis wollen mit ihren Soap Box Derbys der deutschen Jugend und ihren Vätern die Idee des fairen Wettbewerbs nahebringen. Abenteuerliche Karosserien aus Sperrholz, Gummi und Blech jagen auf wackligen Rädern zu zweit nebeneinander steile Pisten hinab. Hält die Lenkung oder semmelt der Steppke aus der scharfen Kurve in die dicht gedrängt stehenden Zuschauer rein? Väter und Söhne bringt die Vorbereitung zusammen wie selten zuvor. Als Preise winken Ausbildungsbeihilfen, für die Sieger eine 14-tägige USA-Reise. Hans Stani dichtet ihnen ein Lied: »Wir fahren schneller als der Wind / Wir fahren, was die Kiste hält / Weil wir die Seifenkisten-Derbyfahrer sind.« Mädchen dürfen nur zuschauen, als in den ersten zehn Jahren 60 000 deutsche Jungen in 214 Städten in ihre Seifenkisten steigen und darin die Pisten hinabjagen.

WOHNEN

Das Wohnen ist von Mangel an fast allem überschattet. Millionen von Flüchtlingen und Vertriebenen aus Mittel- und Osteuropa werden anfangs zwangseinquartiert oder hausen an den Stadträndern in Barackenlagern und Wohnwagen. Bald ändert sich für die Begünstigten im Westen die Lage. Luxus kommt ins Bild.

Fernsehen ■ Das Fernsehen wird bald eine eigene Kulturmacht. Die Inneneinrichtung verändert sich: In den Wohnzimmern kann der Bildschirm von allen Sesseln und dem Sofa aus gesehen werden. Aus der Psychiatrie erfährt man, dass Geisteskranke unter dem Einfluss des Fernsehens weniger toben. Im einzigen TV-Programm wirbt Bernhard Grzimek mit Serengeti-Filmen für Afrika als Reiseziel. Es muss nicht immer nur Italien sein. Sozialwissenschaftler melden Zweifel an, ob die Überflutung mit Reizen durch Rundfunk, Kino und Fernsehen noch hinreichend zu verarbeiten sei. Der Einzelhandel startet TV-Forschung. Denn mit dem Kauf eines Fernsehers ändern sich die Gewohnheiten. Das Leben verlagert sich nach innen. Die Bundespost jagt mit Messwagen Schwarzseher. Das ZDF wird geboren. Lange Sätze sind im Fernsehen verpönt, es sei denn, Peter von Zahn spricht sie.

Fernseher ■ *In vielen Wohnzimmern der 50er Jahre bildet der Fernseher den Mittelpunkt, um den sich die ganze Familie schart. Der Gummibaum (ficus elastica) ist damals als Zimmerbegrünung so beliebt wie heute der Ficus benjamini.*

Gummibaum ■ In den Wohnzimmern verkörpert er ein uneingelöstes Versprechen, als sagte er: Wir, die wir unseren *Ficus elastica* pflegen, können auch anders. An Ratschlägen, wie er zu behandeln sei, mangelt es nicht. Nehmen Sie Lauberde aus verrotteten Blättern, aber bitte keine Eichenblätter. Sparen Sie nicht mit Torfmull. Am Fenster gedeiht er am besten und verleiht Ihrem Wohnzimmer Weite. Wenn Sie wissen, wo die Augen des Gummibaums zu finden sind, können Sie ihn mit Stecklingen vermehren. Er braucht Lihihihicht! Es gibt ihn auch kletternd (*repens*) in Repelen. Ehe Sie an den Gardasee fahren, sagen Sie bitte der Nachbarin, was der Gummibaum nicht liebt. Ihren Gummibaum brauchen Sie nicht mit Milch zu gießen. Wenn Sie nur lange genug Geduld zeigen, wendet er Ihnen seine Blätter zu. So ein bisschen Dschungel passt in deutsche Wohnzimmer. Der Gummibaum verspricht dekorative friedliche Koexistenz zwischen Mensch und Natur.

Gummibaum

Nierentisch

Nierentisch ■ In den frühen Jahren des Jahrzehnts hat das über den Krieg gerettete oder von den Schwiegereltern übernommene Mobiliar die Nase vorn, ein Mischmasch aus Eiche, Häkeldecke, Samt und Plüsch. Die Beine sind krumm, Lampen betroddelt, die Schirme angegangen, rauchvergilbt. Im Ausland sorgt die deutsche Formensprache für Spott. Leben die Krauts in einem anderen Jahrhundert? Das ist die Geburtsstunde des Rats für Formgebung. Moderne Architekten und Gestalter nehmen sich der Sache an. Die skeptische Generation ist von ihren Entwürfen begeistert. Die organische Form der Niere ist variabel, von klein bis groß. Entscheidend sind die schrägen, dünnen Beine. Bei Hempels kann man unter den Tisch sehen. Die Zeittakte des geselligen Herumsitzens werden knapper. Die modernen Möbel brauchen nicht so gemütlich zu sein. Ihre Form schafft Platz. Auch im Osten kommt der Nierentisch mit leichter Verzögerung an. Ohne Tütenlampe ist er undenkbar.

Nierentisch ■ *Nierentisch und Cocktailsessel gehören zu den Inbegriffen der Inneneinrichtung der 50er. Man sitzt nicht mehr um den Esstisch, sondern trifft sich im gemütlichen, hell und freundlich eingerichteten Wohnzimmer.*

SCHWEDENKÜCHE

Schwedenküche ■ Sie entsteht, als schwedische Gestalter dazu übergehen, die Küchenarbeit genauso gründlich zu betrachten wie die Fabrikarbeit. Wie bewegt sich die Hausfrau (der Hausmann)? Welchen Gebrauch macht sie von dem Raum? Was ist unverzichtbar, was nicht? Was gehört zusammen, was auseinander? Mit diesen Fragen beginnt ein neues Küchenzeitalter. In den Neubauwohnungen werden die Küchen kleiner, müssen daher funktional durchdacht werden. Vorbild der Schwedenküche ist die Frankfurter Küche von Margarete Schütte-Lihotzky. An die Stelle schwerer Buffets treten Standard-Module. Das Material muss pflegeleicht sein wie das Resopal von Jupp Ernst. Die Küchenarbeit wird elektrisch. Ihre Maschinen werden kleiner. Alles findet in den neuen Modulen seinen Platz, ist schnell herausgeholt und wieder weggeräumt. Auf ihre Talente stolze Hausfrauen finden das anfangs nicht lustig. Sie können schließlich mehr als nur Fertiggerichte aufwärmen.

Tiefkühltruhe ■ Man soll sich bitte nicht selbst hineinlegen, lautet ein Ratschlag an die ersten Benutzerinnen. Was alles in den ersten Truhen landet, ist nicht überliefert. Noch mangelt es an geschlossenen Kühlketten, was auch Bestatter bekümmert, die Dahingegangene aus entlegenen heißen Gegenden heimholen müssen. Viel Eingefrorenes verdirbt aus falscher Sparsamkeit. Die von der Industrie empfohlenen Tieftemperaturen müssen unbedingt eingehalten werden. Kleinfamilien haben einen Hang zu Tiefkühltruhen, der Ökonomen erstaunt, weil der Aufwand noch größer ist als mögliche Ersparnisse. Auf eine halbe Million Einwohner kommen 1954 in Westdeutschland 40 Tiefkühltruhen. Aus Amerika hört man von Television-Dinners. In dreifach geteilten Aluminiumschalen gibt es Kartoffelbrei, Erbsen und ein Stückchen vom Truthahn, alles an seiner Stelle. Bei einiger Übung braucht man den Blick nicht mehr vom Fernsehgerät abzuwenden. Ist das nicht reizvoll?

Tiefkühltruhe

GENUSS

In diesen Jahren ist er nicht bloß eine Frage des Geschmacks, sondern auch Vorbote neuer Freiheiten. Man probiert. Getränke und Gefühle sind gemischt. Manchen sieht man die Folgen an. Dick wird schick. Man hat was und kann es auch vorzeigen. Der Genuss geht fast nur über den Magen. Geistiger Genuss steht unter Vorbehalt, es sei denn, er hat ordentlich Prozente.

Coca-Cola ■ 1954 wird Max Schmeling Coca-Cola-Konzessionär in Hamburg. Auf dem Jungfernstieg ist es zwar nie so heiß wie im Sommer auf dem Broadway, wo auch ein Eismeer aus Coca-Cola nichts gegen die Hitze vermag. Doch das schmälert Schmelings Erfolg nicht. In Europa ist das Getränk von ideologischer Tragweite. Wer als Mitglied der FDJ Coca-Cola trinkt, muss beim nächsten Heimabend Selbstkritik üben. Selbst im Westen, wo man Coca-Cola liebt, entstehen die wildesten Theorien über die Rezeptur, die man in Atlanta wie ein Staatsgeheimnis hütet. Ein Gericht schmettert die Klage von Weinbauern und Kommunisten ab: Coca-Cola sei einwandfrei und könne bedenkenlos auch von Franzosen getrunken werden. Manche halten Coca-Cola für so gefährlich wie Stalins Innenministerium. In Marokko munkelt man, die Brause enthalte Schweineblut und die Unabhängigkeitspartei werde von Coca-Cola finanziert. Solche Spekulationen kümmern die meisten nicht. Vor allem junge Leute stecken so manchen Groschen für Coca-Cola und Brause in die Automaten.

Coca-Cola ■ *Ein Coca-Cola-Lieferwagen in Zürich im Jahr 1950. Coca-Cola gibt es nicht erst nach dem Zweiten Weltkrieg in Deutschland und seinen Nachbarländern, sondern war bereits in den 30ern populär. So kann die Werbung anknüpfen und verkündet auf Werbeplakaten allenthalben: »Coca-Cola ist wieder da!«*

Currywurst

Currywurst ■ Wie die Siegessäule gilt sie
als Wahrzeichen Berlins. Auch Zufälle sind als
Spezial-Soße schützbar. In der Großstadt malt
sie vor der Imbissbude mit Fritten und Bier
ein Bild des Einsamen in der Masse. Herbert
Grönemeyer singt ihr später ein Ständchen.
»Gehse inne Stadt / Wat macht dich da satt?«
Der Streit darum, wo es sie zuerst gab oder
wer sie erfunden hat, gilt als unentschieden.
Im ersten Jahrzehnt ihrer Existenz ist sie
so allgegenwärtig, dass ihr niemand auch
nur eine Zeile widmet. Mit Schaschlik und
Brathähnchen aus dem Büdchen entlastet sie
Hausfrauen und Mütter, aber nur, wenn sie
am nächsten Tag zum Friseur gehen. »Den
Geruch im Haar, den krisse nich' raus«. Das
Umfeld der Currywurst sieht aus wie von
Edward Hopper gemalt: Vorstadtkneipe mit
rauchvergilbten Tapeten, Resopaltresen,
wachsbleiche Gesichter unterm flackernden
Licht aus Neonröhren, du riechst das ranzige
Fett und den Curry, der längst nicht mehr
scharf ist und der an den Zahnhälsen kleben
bleibt. Der Kult hat angesetzt.

Kaugummi ■ Lange gilt er als nicht gesellschaftsfähig, klebt aber schon unter Parlamentstischen. Er kommt zusammen mit Jazz und Ratenkäufen über den Atlantischen Ozean nach Deutschland. Zwischen Gaumen, Zähnen und Zunge verformt er das Reden zu Kaumaterial und entsetzt die Älteren, die auch mit nur halbvollem Mund nie zu reden wagten. Manche erzeugen mit ihm Blasen. Auf den Schwarzmärkten führt er ein willkommenes Halbschattendasein. Die Grundmasse künstlicher thermoplastischer Harze erobert die Jugend im Fluge. Man wirft ihm vor, dass er den Hang zur Metaphysik beeinträchtige, auch wenn er seinen Verehrern stets etwas zu tun gebe, denn in einer Welt des unentwegten Schaffens ist das Nichtstun verpönt. Bald schon wird er zu einem Sprachbild fürs Dehnen und Ziehen. Wie eine Kaugummiblase in Zeitlupe platzt, ist ein Ereignis, als sei es für den Film erfunden.

Milchbar ■ »Deine Heimat ist das Meer, deine Freunde sind die Sterne.« Keine Milchbar ohne Jukebox mit dem Lied vom Seemann. Die Sängerin heißt Lolita, wie Nabokovs Nymphchen. Milchbars gibt es im Westen und im Osten, um die Jugend von härteren Getränken abzuhalten. Ihre Architektur gleicht den Pagodentempelchen von Tankstellen. Im Osten heißen sie übrigens Pony-Bar. In ihnen wird auch künstliches Mineralwasser angeboten. Beliebt sind sie in Kurorten, wo schon am frühen Abend die Bürgersteige hochgeklappt werden. In den Vorstädten sind sie Sehnsuchtsorte der Halbwüchsigen. Mit Herzklopfen wartet um die Ecke der kleine Hanns-Diether auf seine Bärbel, ja, die mit Pferdeschwanz und Schmollmund. Wegen drei Mädels namens Puppa, Carmen und Bärbel kommt es 1958 zu einer Schlägerei während der Herbst-Kirmes in Schwerte, ein Kleinkrieg der örtlichen Schwarzen Panther mit der männlichen Jugend aus Iserlohn. Der Prozess geht in die Geschichte ein als der größte Halbstarken-Prozess des Jahrzehnts. Wären sie doch besser in der Milchbar geblieben!

Milch **BAR**

Muckefuck

Muckefuck ■ Kolonialmächte haben die Nase vorn beim Bohnenkaffee. Lange ist er Mangelware. Man besinnt sich als Ersatz auf Gerste, Roggen und die Wurzel der Gemeinen Wegwarte. Auch Löwenzahnwurzeln werden herangezogen, sind aber zu klein und nur schwer aus dem Boden zu kriegen. Wehrpflichtige werden erst 1972 durch einen Beschluss des Bundestages davon verschont, die bittere Plörre mit Bodensatz trinken zu müssen. Sprechen Sie das Wort übrigens vorsichtig aus, um Missverständnisse zu vermeiden. Auch Filmstars wie Hilde Knef trinken auf dem Weg zum Drehplatz ihren Muckefuck. Er duftet trügerisch, wenn er gerade frisch geröstet wird. Franzosen nennen ihn abfällig »Café prussien« (preußischer Kaffee) oder auch »Mocca faux« (falscher Mokka), wobei das »Mucke« vom rheinischen »Mucken« kommt (für braune Stauberde, verwestes Holz) und das »fuck« für »faul« steht, womit fast alles über die Reize dieses Heißgetränks gesagt ist. Zwischen Rasur und Muckefuck den Südwestfunk abhören, dafür verpfeifen einen die eigenen FDJ-Kinder an die Stasi.

Nichtstun ■ Wer sich ihm hingibt, ist Gegenspieler des Wirtschaftswunders. Früher sah man das anders: Der königlich-preußische Leibarzt Hufeland veredelte es als Abhärtung gegen die Lebenswirksamkeit und pries es als Geheimnis eines langen Lebens, Chamisso gar als Heldentat. Das Nordlicht Theodor Storm findet es »süß«. In Italien scheint es zu Hause zu sein: *dolce far niente*. Die Italiener behalten das Betriebsgeheimnis für sich und können es als Gastarbeiter in Deutschland nicht heimisch werden lassen. Liegt es am sozialen Klima in Deutschland, in einer Kultur, in welcher der Mensch erst durch harte Arbeit zu sich selbst findet? Kulturkritiker, die das Nichtstun als Errungenschaft schätzen, sehen es durch das Fernsehen bedroht. Jetzt werde man selbst um das Nichtstun gebracht. Es unterscheidet sich vom Zeittotschlagen auf das Angenehmste. Der Soziologe Helmut Schelsky teilt mit, dass die handarbeitenden Berufe häufiger »Ausruhen, Schlafen, Nichtstun« als Freizeitbeschäftigung angeben als junge Angestellte, Beamte und Schüler.

Nichtstun

UNTER-
HALTUNG

Sie ist in den 50er Jahren vielfältiger, als es aus der Ferne scheint. Die Nachkriegsjahre sind nicht so bleiern, wie manche behaupten. Körper und Geist beleben sich. Wer sich gut unterhalten will, zeigt damit jedoch nicht unbedingt Haltung. Das eine vom anderen zu trennen gelingt einstweilen vorzüglich. Manchen bleiben die Witze im Hals stecken.

Comeback ■ Erst einmal ist man weg vom Fenster, ehe ein Comeback möglich wird. Jedes Comeback bewirkt gemischte Gefühle. Gibt es Präzedenzfälle für unerwünschte Comebacks? Durchaus. In den frühen Jahren sind die Comebacks eher harmloser Natur, zum Beispiel beim Comeback der Moden von vorgestern. Das Comeback des Schauspielers Otto Gebühr hat ein Geschmäckle, weil Joseph Goebbels ihn 1944 auf die »Gottbegnadeten-Liste« der unverzichtbaren Künstler gesetzt hatte. Das hat Gebühr vorübergehend verzichtbar gemacht. Seine Ähnlichkeit mit Friedrich II. wird ihm nützlich. Man braucht wieder große Fritze. Die Rückkehr des Bühnenbildners Hein Heckroth aus dem Exil wird verächtlich kommentiert. Noch so ein Heimkehrer! Das ist der Vorbehalt, den auch Willy Brandt zu spüren bekommt. Manche zurückgekehrte Emigranten verzagen darüber. Kaum verwunderlich ist das Comeback der Zigarre, wenn man an die vielen Bilder des Zigarre rauchenden Vizekanzlers Ludwig Erhard denkt.

Kintopp

Kintopp ■ Der Kintopp ist der lustige Onkel des Kinos. Lautlos tobende Dramen, Lebemänner und -damen, Eifersucht, Zweikämpfe, Saalschlachten und immer etwas zum Lachen. Keine Kleinstadt ohne Lichtburg, in Berlin heißt sie Zoopalast. Sonntags ist die Lichtburg ausverkauft. Vor den Premierenkinos der Großstädte versammeln sich die Klatschreporter. Der deutsche Kinofilm der 50er Jahre zeigt Kitsch aus Heimatfilmen und königlich-kaiserliche Hoheiten. Komik kommt über Klamauk kaum hinaus, während in Frankreich Jacques Tati mit seinem Monsieur Hulot zeigt, wie moderne Komik aussehen kann. Kein Wunder, dass die amerikanischen Filme so erfolgreich sind. Der deutsche Film liefert seelische Ersatzrevolutionen und beschämt die Fantasie seines Publikums. Der professionelle Gesellschaftspessimist Erich Kuby (so beschreibt ihn der Spiegel) schreibt das Drehbuch zur Lebensgeschichte des gehobenen Flittchens Rosemarie Nitribitt.

Okay ■ Dieses zweisilbige Wort kann in so vielfarbigen Tönen vorgebracht werden, so gedehnt zögerlich zweifelnden Vorbehalt anmelden, so verwundert fragend verzaubern, so knackig gebellt wie ein Befehl bestätigen und zugleich unentscheidbar offenlassen, ob es ein »Ja« oder ein »Jein« ist, was zu vermeidbaren Nachfragen führt. Oder ist es bloß ein lässiges »Habe verstanden«? Und dann kommt dieser süße Naseweis, der noch kaum über den Tisch schauen kann, und hört, dass es gleich auf die Kirmes geht, und als er sagt »okay«, ist die ganze Welt davon bezaubert. Ohne das vom US-Soldaten geschenkte Kaugummi wirkt das Wort in diesen Jahren so nackt. Es braucht die Dehnung durch den Kauapparat, um als authentisch durchzugehen. Es hat einen ganz anderen Charme als das deutsche »Jawoll!« Einverstandensein ist möglich, ohne die Hacken zusammenzuschlagen.

Plattenwechsler

Plattenwechsler ■ Die Luftschalltechnik macht mächtige Fortschritte. Sie fabriziert Lautsprecher, Kinoanlagen, Schwerhörigengeräte, Wechselsprechanlagen und Plattenwechsler. Heute werden für diese Aufgabe DJs eingeflogen. Ihre Vorgänger sind stationäre, truhenartige Tonmöbel, die Schallplatten automatisch wechseln, sodass weder Vati noch Mutti aufstehen müssen, wenn die eine Seite einer Langspielschallplatte zu Ende ist. Schallplatten haben noch zwei Seiten. Jungen und Mädchen schleppen das schwere Gerät in mancher Sommernacht aus dem elterlichen Wohnzimmer in einen zum Partykeller umgewidmeten Bunker, zu dem sie eine Verlängerungsschnur legen, und dann geht die Post ab, weil es keine Nachbarn gibt, die sich beschweren könnten. Philips beschäftigt in Berlin-Mariendorf 900 Arbeitnehmer mit der Herstellung von Plattenspielern und Plattenwechslern. 1956 werden 400 000 Truhen hergestellt und mehr als zwei Millionen Abspielgeräte.

Rock 'n' Roll ■ Der junge Udo Lindenberg ist begeistert von der Unruhe der Schluckaufmusik. Sie ist der Klang der Stadt, entfesselt die Körper, setzt die Muskeln unter Strom. Jetzt wird alles schnell. Die Moralapostel kommen nicht mehr mit. In Ostberlin skandiert die Jugend: »Wir wollen keinen Pieck und Grotewohl und Ulbricht, wir wollen Rock 'n' Roll.« Die Bands heißen »Vorposten der freien Welt«, »Texas-Band«, »Niethosenbande« und »Lederjackenmeute«. Der Stasi schlackern die Ohren. Im Westen ist es die erste Bewegung der Arbeiterjugend. Sam Phillips' Label Sun Records bringt den Rock 'n' Roll in die Welt. Sein kleines Studio kann nur mit kleinen Gruppen arbeiten. Ein provisorisch geflickter Lautsprecher verhilft dem Gitarristen zu einem Schlussakkord, der das Publikum später wie ein Peitschenhieb trifft: der Urknall des Rock 'n' Roll. Philipps entdeckt den jungen Lkw-Fahrer Elvis Presley. Dessen kreisender Unterleib schreibt Weltgeschichte und skandalisiert die Sittenwächter.

R
o
c
k and Roll

Schönheitskönigin

Schönheitskönigin ■ Schönheit zeigt in diesen Jahren ein Einheitsgesicht. Ihr Adel verdankt sich einer halbwegs sittenstrengen Entkleidungskunst. Andere reden von Gunst. Der Glanz ihres befristeten Königinnenreichs verdankt sich den Scheinwerfern und Blitzlichtern. Es kommt zu eigenen Vorgaben, wie viel Hüftschwung der Kandidatinnen auf dem Laufsteg zu sehen sein muss. Kein Feuerwehrfest ohne Misswahl. Die Schönen und ihre Konkurrenz beziehen ihre Tipps aus Illustrierten wie *Film und Frau*, *Constanze* und *Quick*. Reportagen über die jungen schönen Königinnen wecken Ehrgeiz und Sehnsucht. Die Wahl der Königinnen scheint demokratisch bis auf den Schönheitsfehler, dass nur Männer wählen dürfen. In den frühen Jahren haben deutsche Kandidatinnen ein Handicap. In Rimini wird verfügt, dass eine deutsche Schönheitskönigin von der Wahl zur »Miss Europa« disqualifiziert werde, wenn sie oder ein Mitglied ihrer Familie von den Bestimmungen des Internationalen Gerichtshofs in Nürnberg betroffen sei.

Schönheitskönigin ■ *Die 19-jährige Gerti Daub aus Hamburg wird in der Nacht zum 23.06.1957 in Baden-Baden zur »Miss Germany 1957« gewählt, hinter ihr die Miss Germany des Jahres 1956.*

Show ■ Das Handwerk der Show schärft den Realitätssinn. Fragen danach, was gespielt und was echt sei, sind kaum mehr auf Anhieb zu beantworten. Das Vergnügen an guter Unterhaltung wird durch ein Quäntchen Misstrauen unterfüttert. Die Showmaster Peter Frankenfeld und Hans Rosenthal sind Lieblinge des Publikums. Früh finden sie nach dem Krieg Gelegenheit, ihr Talent zu erproben. Das machen sie im Radio, im Fernsehen, auf Bühnen und begeistern die Zuschauer mit der Botschaft, dass auch in ihnen Talente darauf warten, erprobt zu werden. Durch Quizshows wird Wissen spannend und weckt Hunger auf mehr. Die Show als Selbsterkenntnis und Anerkennung, das hat neben der Unterhaltung fast therapeutische Wirkung. Frankenfeld hat ein untrügliches Auge für Bilder und situative Komik. Hans Rosenthal wird so guter Unterhalter, weil er der Mordlust entkommen ist. Auf sein Publikum wirkt er, als sei er schwerelos. »Das ganze Leben ist ein Quiz / Und wir sind nur die Kandidaten« – Hape Kerkeling verdankt sein Lied diesen beiden frühen Meistern der TV-Show. Ihr Geheimnis: Sie holen die Menschen aus ihrer Verpanzerung heraus und werden für ihr Publikum unvergesslich.

Show

tagesschau

Tagesschau ■ Das Fernsehen steckt noch in den Kinderschuhen. Den ersten Zusammenschnitt aus Wochenschau-Material trägt der einzige Redakteur des Nordwestdeutschen Rundfunks mit der U-Bahn zum Hamburger Heiligengeistfeld, von wo aus dem Weltkriegsbunker gesendet wird. Die erste Tagesschau wird am zweiten Weihnachtstag 1952 ausgestrahlt. Obschon es an aktuellen Themen nicht mangelt, wird sie anfangs nur montags, mittwochs und freitags ausgestrahlt. Auf Schnelligkeit kommt es nicht an, was bei einem Publikum, das auf knapp 1000 Köpfe geschätzt wird, auch nicht sooo ins Gewicht fällt. Die billigsten Fernsehgeräte kosten 1250 DM, was acht Monatslöhnen eines Industriearbeiters entspricht. Noch ist das Programm weit davon entfernt, das Publikum wirklich fernsehen zu lassen. Bei der Konkurrenz aus dem Osten räkelt sich Grotewohl schwerhörig auf dem Sofa in Adlershof. Genosse Florin sagt langsam einige Spruchbänder auf. Willi Stoph, in Uniform, verfüge nur über das Vokabular eines Jungen Pioniers, schreibt ein Kritiker. Das klingt nach Entzauberung auf Weltniveau.

Tagesschau ∎ *Das Nachrichtenformat der Tagesschau gibt es seit 1952. Ihr Logo hat sich seither ebenso kontinuierlich weiterentwickelt wie ihr Konzept. Erst 1959 gibt es einen Nachrichtensprecher; die erste Sprecherin ist 1976 Dagmar Berghoff.*

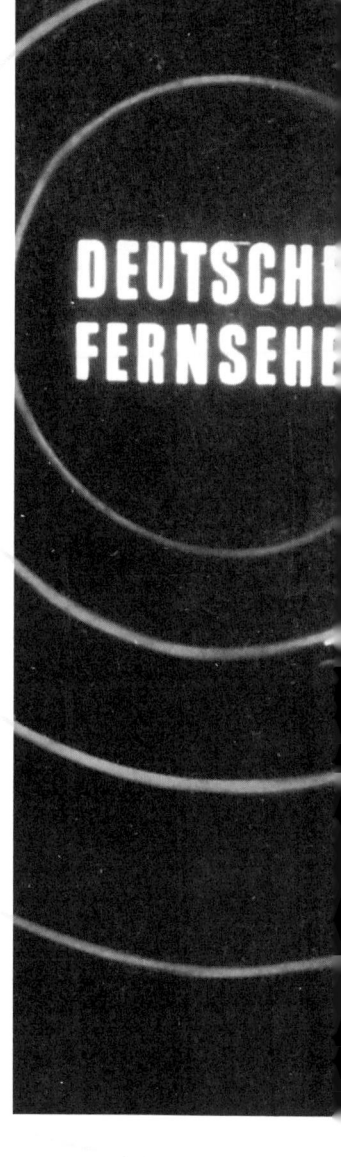

Taschenbuch ■ Man soll nicht immer alles wie vorgestern machen. Kurt Tucholskys Idee beflügelt Ernst Rowohlt, mit neuer Technik und auf Zeitungspapier Taschenbücher zu produzieren, mittendrin eine Seite Werbung, anfangs für Reemtsma, später nur noch für Pfandbriefe. Die Bücher sind besser geklebt als die amerikanischen Pocket Books. Man erwirbt sie nicht, man nimmt sie mit. Von Georges Bernanos' Roman »Die Sonne Satans« verkauft Rowohlt 50 000 Exemplare in acht Tagen. 1952 gibt der Deutsche monatlich 6,75 DM für Bücher aus, 3,47 fürs Kino und 2,99 fürs Stadion. Bei der Woche des Buches kann man Taschenbücher von Lkws kaufen. Der Erlös finanziert Hilfe für Flüchtlinge aus der Ostzone. Alle fünf Sekunden wandert ein rororo-Bändchen über den Kassentisch. Leihbüchereien leiden unter Besucherrückgang. Im Drugstore liegt das Taschenbuch neben Zahnpasta und Büchsenfleisch. Unterwegs wird es in die Manteltasche gesteckt. Werden die Taschenbücher zu dick, leidet darunter das Taschenfutter.

Testbild

Testbild ■ Vor das Ende vom Ende haben die Gewaltigen des frühen Fernsehens das Testbild gesetzt. Genauigkeitsfanatikern dient es der Feineinstellung ihres Heimgeräts. Verschwindet spät am Abend auch dieses stille Angebot meditativer Versenkung, folgt auf dem Bildschirm das weiße Rauschen mit einem Messton, den man sonst aus Intensivstationen kennt. Er erklingt, wenn das Herz zu schlagen aufgehört hat. Der Ton zum Testbild bezeugt das Programmende als wiederkehrenden symbolischen Tod. Für viele Stunden gibt es hier jetzt nichts zu sehen. Füge und übe dich in Geduld, lautet die stille Botschaft des Testbildes. Bei manchen Zeitgenossen führt es zu Wutanfällen. Andere schalten es resigniert einfach nur ab. Sein Ton weckt die Eingeschlafenen, damit sie sich endlich richtig schlafen legen können. Wann fängt morgen das Programm an? Ab zehn Uhr senden sie das Testbild. Hach!

Tiritomba ■ Das Wort heißt nichts, hat keinen übersetzbaren Sinn. Margot Eskens bringt mit ihrem Schlager eine vermutlich gerade deshalb so namen- wie grenzenlose Sehnsucht zum Ausdruck. Sie durchzieht die Schlager dieses Jahrzehnts. Seelische Verstimmung macht Kasse, »Tiritomba, Tiritomba, / immer möchte ich in deine Augen sehn«. 800 000 Verkäufe. Die Reime der Schlager flutschen wie Konfektion von der Stange und bekleiden das Gemüt. Sie zielen dorthin, wo sich Wünsche, Träume und Ängste ineinander verknäult mischen. Fast alles ist auf die Bedürfnisse eines durch und durch sentimentalen Körpers abgestellt. Kitsch erlebt einen Höhenrausch. Text und Ton setzen auf absolute Schlichtheit. Synkopen sind verpönt. Moll klingt so schön melancholisch. Alle können mitsingen, bis die endlose Wiederholung eine eigene poröse Tonspur in das Gedächtnis gefräst hat. Das »Du« wird dreisilbig.

Transistorradio

Transistorradio ■ Der Transistor wird fast zur selben Zeit gleich zweimal erfunden. Noch sind die Kofferradios schwere Kameraden, aber das Herumschleppen der eigenen Musik kommt in die Gänge. Das erste Transistorgerät heißt »Akkord-Peggie« und ist sehr handlich. Im Osten erleichtert das Transistorradio den Empfang von Westsendern, was freiwillige Helfer der Volkspolizei straflos unterbinden, indem sie das Gerät eines RIAS-Hörers auf der Straße zerstören. Naturliebhaber verabscheuen es. Ein Kulturpessimist beklagt junge Menschen, die sich von den Klängen eines Kofferradios angeblich erotisch verführen lassen. Es ist jetzt überall dabei. Seine Liebhaber sind eng behost, mit Bürstenkopf, tragen Sambasocken, das Radio unterm Arm. Ein kleines Kofferradio streut Schlager in die Nacht. Verspätete Freunde schwirren an mit Mädchen auf dem Rücksitz. Man tanzt im Mondlicht.

NEUE SITTEN

Sie zeigen, was möglich ist. Noch aber behalten Konventionen die Oberhand. Verstöße werden lüstern durchgehechelt. »Hamse schon gehört« – und los geht die Flüster-Post. Das Zögern vor Versuchungen kann so reizvoll sein. Es dauert nur so lange, beides, das Zögern und die Versuchungen, richtig zu verstehen. Fortschritt ist eine Springprozession. Jedem Sprung nach vorn folgt ein allmählich kürzer werdender zurück.

aufreißen ■ Das Verb findet in diesem Jahrzehnt seinen Platz zwischen Prosa und Benimmregeln, die gepredigt werden müssen. In der neuen Prosa aufzureißen sind: Ursachen des Versagens, das Gesicht vor Angst, die Spinde, jäh die Tür, ein Umschlag, alte Wunden, versehentlich eine falsche Tür, hinter der eine nicht ganz angezogene Dame steht, der Mund bis zum Äußersten, um von dem dicken Sandwich etwas abbeißen zu können, die erleuchteten Fenster, die Haustür, Gastmanns Augen, nirgendwo aber die feingesponnene Lüge, immer wieder die Fenster, weil die Heizung nur volle Pulle geht, die Augen, der Saum des zwickenden Mieders, der Acker, Raben und Amseln das steif gefrorene Gefieder, die Kluft zwischen Mann und Weib, der Pavian sein Maul, künftige Schlachtfelder, der Schlag der Limousine, das Gesäß durch einen Stoßzahn der Flusspferdmutter. Als unziemlich gilt es, den Mund wie ein Scheunentor aufzureißen. Es ist erlaubt, Klöße mit der Gabel aufzureißen, nicht aber ohne zu fragen das Zugfenster. Mädchen aufzureißen für geteilte Lust ist aber offenbar noch unüblich.

bezirzen

bezirzen ■ Ein Wort aus der Zauberei. Sprächen wir es aus wie die Griechen, klänge es etwas lächerlich. Kirkes Eltern sind Sonnen- und Meeresgötter. Daher hat das Bezirzen etwas Weltumspannendes. Mit Zauberei und Weisheit hilft Kirke Odysseus, den sie nicht, wie seine Freunde, auf ihrer Insel Aiaia – ein Klagelaut als Ortsangabe – in ein Schwein verwandelt hat, weil ihn ein Kräutlein gegen ihre Tricks schützt. Sie beschert ihm später günstige Winde. Wer ihr bescheinigt, sie habe es in sich, bezeugt säkulare Achtung vor dem Mythos. In ihrer Liebe steckt mehr, als menschlicher Vernunft zugänglich scheint. Wer bezirzt ist, muss nicht verführt sein, auch wenn es den Anschein hat; es reicht dazu auch ein Tröpfchen einer unerlaubten Substanz. Wer bezirzt ist, ist verwandelt. Heinz Erhardt dichtet: »Manch Fischer lässt sich noch bezirzen / Von ihrem falschen Flötentuten / Und tut sich in das Wasser stirzen, / um zu ersaufen in den Fluten.«

Flittchen ■ Sonja Ziemann, Brigitte Bardot, Marilyn Monroe und Hildegard Knef geben als Flittchen vom Dienst ihr Bestes. Das Flittchen bedient männliche Sehnsucht, die sich mit Verachtung mischt. Wer das Wort gebraucht, überhebt sich. In ihm steckt etwas Fesselndes, als verfüge das Flittchen über eine magnetische Kraft, in der das von ihm Angezogensein immer ein kleines bisschen stärker ist als das Abgestoßensein. Im Flittchen kann auch ein verkapptes Flintenweib stecken, noch so ein männliches Stereotyp, das den Frauen die Autonomie verwehrt, ihre Rollen selbst zu bestimmen. Ein Flittchen ohne Geschichte(n) ist undenkbar; mit Geschichte(n) wird es spannend. An der Raupe auf der Pfingst-Kirmes entscheidet es sich, ob das Flittchen hält, was es verspricht, wenn sich das Verdeck herabsenkt. Wahre Flittchen schreien jetzt nicht. Sie haben etwas Besseres zu tun. Sie sind so frei. Toulouse-Lautrec hat dem Flittchen mit dem Plakat für das Moulin Rouge ein Denkmal gesetzt.

Nachgeborene ■ Sie verkörpern in diesem Jahrzehnt die Gnade der wirklich späten Geburt. Sie verleiht ihnen jedoch nicht das Recht, sich aus der Geschichte zu stehlen. Unter dem Einfluss alleinerziehender Mütter, die den Krieg halbwegs unversehrt überlebt haben, werden sie mit Aufbruchsgeist und Skepsis geimpft. Sind sie schon etwas älter, waren aber zu jung, um den Volkssturm zu kräftigen, es juckt ihnen in den Gliedern, endlich loszurocken, die Fesseln abzuschütteln und Lebenslust zu kosten. Die Erfindung des Rock 'n' Roll befreit von der Stechschritt- und Marschkolonnen-Motorik. Synkopen! Brüderliche oder schwesterliche Abneigungen können daran kaum etwas ändern. Was für ein Missverständnis, ihnen einzureden, dass sie sich um frühere Möglichkeiten gebracht sehen könnten. Eine Zeit ohne Motorroller wirkt auf sie trostlos. Die vaterlose Gesellschaft der 50er Jahre hat jedoch ein Handicap: Spätheimkehrer und ihre Kinder betrachten einander mit fremden Augen.

Nachgeborene

Nachhauseweg ■ Viele treten ihn mit Verspätung an. Anderen bleibt er verwehrt. Er ist wie geschaffen für Ablenkungen, etwa einen trockenen Martini unterwegs oder auch eine zufällige Begegnung mit dem Schicksal. Wer weiß das schon? Wird er nicht allein angetreten, macht ihn das nicht unbedingt romantisch. Gehen bringt das Denken in Schwung, auch wenn die Füße schmerzen. Er überrascht unangenehm mit dem, was auf einer dunklen Straße passieren kann, besonders dann, wenn er zuvor arglos angetreten wurde. Karl Marx hat auf seinen Nachhausewegen durch Kentishtown den jungen Harry Charlton mit seinem mächtigen Vollbart beeindruckt. Handlungsreisende gelten auf dem Nachhauseweg als Gefährder, wenn sie sich einen Gin genehmigt haben. Andere werden auf ihrem Nachhauseweg in die Ostzone entführt. Das anständige junge Mädchen lässt sich vom Kavalier bis vor die elterliche Haustür geleiten, gerne mit Umweg, und genießt einen romantischen Moment.

Nachhauseweg

Nachhauseweg ■ *Der Nachhauseweg bietet Gelegenheiten
fur allerlei. Die galante Hilfe
beim Sprung über eine Pfütze ist
wohl das Mindeste.*

PLAYBOY

Playboy ■ Er entspringe einer laxen Zucht, die keinen beißt, aber auch in nichts hineinbeißt, schreibt Ernst Bloch. Die Playboys des kommenden Jahrzehnts befinden sich noch im Wartestand: Gunter Sachs, Arndt von Bohlen und Halbach und Alain Delon. Einen Playboy wie den britischen Kolonialminister beneiden die Abgeordneten in Westminster um seinen Schneider. Er tut so, als sei es seine Aufgabe, schön auszusehen, schön zu leben und nichts recht ernst zu nehmen – gute Voraussetzungen für die Aufgabe, das britische Kolonialreich abzuwickeln. Vergessen wir nicht den jungen Prinz Sihanuk von Kambodscha. Als Playboy ist er nicht darauf vorbereitet, was ihm im Lauf des Vietnamkriegs blühen wird. Auf den Leinwänden hat Cary Grant die Nase vorn als Playboy des Jahrzehnts. Die abgründigsten Playboys zeigt das junge französische Kino von Claude Chabrol, Louis Malle und François Truffaut. Der Ex-Marinesoldat Alain Delon arbeitet noch als Gemüsehändler in Les Halles, nimmt aber schon Schauspielunterricht und ist ab 1959 mit Romy Schneider liiert.

Sex ■ Die Geliebten sind gefallen oder noch nicht zurückgekehrt. Das Fräuleinwunder des Jahrzehnts hat Rainer Werner Fassbinder 30 Jahre später in Szene gesetzt (»Die Ehe der Maria Braun«, »Lola«, »Die Sehnsucht der Veronika Voss«). Trotz des McKinsey-Reports wird sexuelle Not nur verquast zum Thema. Hilde Knef zeigt im Film »Die Sünderin«, was möglich wäre, und wird dafür angeprangert. Dass Sex Vergnügen sei, darf nicht gesagt werden. Wirtinnenverse behalten die Oberhand. Süditalienerinnen seien animalisch träge und von früher Mütterlichkeit geprägt. Maria Callas sei Frau, Primadonna, Kätzin, die über Capricen, Migränen, Krisen, über Tränen und Explosionen, über Schmiegsamkeit und Intrige verfüge, versetzt mit Divenlaune. Sex diskreditiere durch Langeweile die schönen alten Laster. »Familljenpolitik« des Herrn Wuermeling und des greisen Kanzlers Adenauer behält noch die Oberhand, gäbe es nicht die Halbstarken und die Flittchen.

Taxi*girl*

Taxigirl ■ Den Krieg hat sie überstanden. Die Nachkriegszeit wird zu ihrer Bewährungsprobe. In den GI-Bars wartet sie auf Tanzpartner, wird für jeden Tanz bezahlt. Ihre halbseidene Berufsbezeichnung verwandelt Frauen in verfügbare Mädchen. Ihre Geliebten sind gefallen oder verschollen. So kommen die Tommys ins Spiel. Sie arbeitet in Etablissements mit hochtrabenden Namen, die Touristen und Seeleuten zu angemessenen Preisen Damengesellschaft für Tanz und Unterhaltung vermitteln. Kuppelei ist noch strafbar, Taxigirls aber haben ihre Tricks. Für sie gilt die Schönheitstanzverpflichtung. Immer wieder werden sie zum Ziel von Abschreckungsmaßnahmen in Gegenden, die durch Truppenkonzentration als gefährdet gelten. Nun sind die Truppen wieder da, und mit ihnen als Errungenschaft des 20. Jahrhunderts die »Taxigirls«. Im Norden beherrschen die Flintenweiber und im Süden die Taxigirls die Szene. Robert Mulligan dreht mit »The Rat Race« 1960 eine Taxi-Girl-Story aus New York.

MODE

Die Mode des Jahrzehnts ist umwerfend. Auf der einen Seite das pure Nichts, auf der anderen ein Körperpanzer, der die Frauen um den Preis schön aussehen lässt, dass sie sich kaum richtig bewegen können. Neue Materialien bieten bisher ungeahnte Möglichkeiten. Das Haus ohne Kopfbedeckung zu verlassen ist unvorstellbar. Bilder aus den Fußballstadien zeigen Männer mit Schlips und Kragen.

Bikini ■ Die Amerikaner erproben über dem Bikini-Atoll ihre Atombomben, eine Waffe, vor der es keine Zuflucht gibt. Wenn es kein Versteck mehr gibt, braucht eine Frau auch nichts zu verstecken. Der Name für das Kleidungsstück ist vollendet zynisch. Sein Erfinder Louis Réard bewirbt es mit dem Satz: der Bikini, die erste An-Atom-Bombe. Der Hitze durch Blöße zu entkommen, wie einige Modekritiker anmerken, ist blühender Unfug. Je entblößter

Bikini

der Leib ist, desto ungebremster fließt der Schweiß. Das wissen Menschen, die in Wüsten leben, Modeleute nicht. Bikinis trotzen der Hitze nicht, seine Trägerinnen ergeben sich ihr bedingungslos. Freiheit für den Nabel! Das Sonnenbaden im Bikini gelingt am besten in windgeschützten mittleren Höhenlagen oder einer aushaltbaren Seewindbrise. Das Bikinihaus in der Budapester Straße des Berliner Westens wird so genannt, weil es oben und unten was hat und in der Mitte nichts.

Bikini ▪ *Junge Frauen im Bikini bei einer Bootstour im Londoner Regent's Park im Jahr 1951. Damals gilt der Bikini noch als sehr gewagtes Kleidungsstück.*

Bleistiftrock ■ Sein Vorgänger heißt
70 Jahre zuvor Humpelrock. Seine Trägerin
kann nur trippeln. Lilo Pulver zeigt es als
kesse Sekretärin in Billy Wilders Film »Eins,
zwei, drei«. Der Bleistiftrock verdankt sich dem
Mangel an Gürteln und Stoffen. Weniger kann
aus Sparsamkeitsgründen plötzlich mehr sein.
Modisch akzentuiert wird er durch die figur-
betonte Wespentaille, was in den frühen Jahren
Verzicht gebietet, wenn mal »gute Butter«
auf den Tisch gelangt, es sei denn, man greift
zurück auf ein Korsett. Modekritiker sprechen
von einer neuen Verpackung von Frauen und
Mädchen, um Haltung und Rückgrat durch
Zwang herbeizuführen. Die dralle Anna hat ihre
liebe Mühe, sich in das Etui zu zwängen. In
Londons Kings Road tragen die jungen Dinger
Klamotten ihrer Urgroßmütter und bezeugen
friedliche Koexistenz der Mode aus längst
vergangenen Jahrzehnten mit dem jüngsten
Schrei des New Look.

Bleistiftrock

Bluejeans ■ Übrig gebliebene US-Armeebe-stände schreiben Modegeschichte. Ein junges Mädchen legt sich in ihr in die heiße Bade-wanne, wenn Mutti zwei Stunden beim Friseur ist, damit die Jeans auf die Figur schrumpft. Sie bekleidet junge Damen, Rabauken und Halbstarke. James Dean wird in Bluejeans mit T-Shirt und Lederjacke zum Halbgott. Im Osten sind sie so verpönt wie begehrt. Stefan Heym widmet ihr einen Leitartikel. Warum ist man so gegen die »Nietenhosen«? Dass sie im Westen von Halbstarken getragen werden, macht sie doch nicht schlecht! Enge Hosen sagen nichts über den Charakter, der drin steckt! Oder doch? Dieser Kontrast zu den zeltartigen Hosen der Großonkel! Sie bekleidet, kombiniert mit Rollkragenpullover und Lederjacke, frühe Jazzfans. Im Strafpro-zess um die Schlacht zwischen Iserlohner und Schwerter Halbstarken werden blutgetränkte Jeans zu Beweismitteln. In Ungarn heißen sie Gärtnerhosen. In Sotschi werden sie auf dem Schwarzmarkt gehandelt. In Bulgarien sind sie die Uniform der Huligans.

Kunstseide ■ Die Frau trägt heute Unterkleidung aus Kunstseide (auch »Glanzstoff« genannt), die eine gute Hautverdunstung ermöglicht, den Schweiß auffängt und in ihren relativ großen Gewebefenstern doch so viel Luft birgt, dass ein ausreichender Wärmeschutz gegeben ist. Sie ersetzt aber auch harte steife Herrenkragen und Hemdbrüste. 1951 wird sie in den HO-Läden der DDR in Form von linksgewirkten Damenstrümpfen neben Akkordeons und Dachpappe verkauft. 1950 produziert das Bundesgebiet 48 400 Tonnen. 1951 ist sie nicht mehr wegzudenken, wenn auch die Vorsilbe »Kunst-« manche misstrauisch gegen das Künstliche macht. Wuppertaler Textilunternehmen machen sich besonders verdient um den magischen »Glanzstoff« und seine nächsten Verwandten Perlon, Nylon oder Dralon. Irmgard Keuns Roman »Das kunstseidene Mädchen« wird 1959 verfilmt. »Ich wollte so ein Glanz werden, der oben ist«, sagt Keuns Heldin Doris. Dafür geht sie mit wohlhabenden Männern aus. Leider hält er nicht, der Glanz. So zieht sie am Ende zum Hausierer Karl in die Gartenlaube.

Kunstseide

Petticoat

Petticoat ■ Er ist so ganz anders als die Vorgängerin aus ferner Vergangenheit, die Krinoline, praktisch ein Unterkleid in Form eines Panzers, der alles so steif machte. Der Petticoat dagegen ist ein unentwegt luftiges, sanft gebändigtes knisterndes Wehen. Mutti sagt »Oben hui und unten pfui«, wenn die Tochter beim Tanzen den Petticoat so zum Wirbeln bringt, dass mancher hofft, mehr zu sehen zu bekommen, als schicklich wäre. Er lädt ein zum Spiel mit dem Verbot und ist wie geschaffen für den Rock 'n' Roll. Freizügig offenbart er sich beim Tanz den Blicken. Sein Tüll macht manche toll. Darf er länger sein als der Rock? Der Streit darüber ist längst entschieden, wird heftig geführt, denn das Jahrzehnt ist prüde und lüstern in Tateinheit. Für Kölner Tanzmariechen gibt es Petticoats auch in kurz. Im kalten Wind weht vor der frisch errichteten Mauer in Westberlin ein Bündel Petticoats im Wind, hellblau, rosa und gelb.

Petticoat ■ *Der Tellerrock mit Petticoat aus Tüll und Rüschen ist das perfekte Outfit für Rock 'n' Roll und Twist. Erst der Siegeszug des Minirocks in den 60ern verdrängt ihn.*

pflegeleicht ■ Die neuen Synthetikfasern der chemischen Industrie erobern die Herzen der Hausfrauen, auch die alleinstehender Männer. Manchmal scheint es so, als gelänge es schon bald, auch waschechte Menschen ganz aus Kunststoff zu erfinden, als seien sie zum Leben erweckte und auf Dauer zur Adrettheit bestimmte Puppen, ohne Herz, ohne Seele, vor allem ohne Schmutz. Das Pflegeleichte ist Versprechen und Verhängnis. Die Nylonhemden sind im Nu gewaschen, aufgehängt und getrocknet. Sie brauchen nicht gebügelt zu werden. Ihre Träger wirken, als seien sie selbst so pflegeleicht wie ihre Kleidung, gäbe es da nicht, wie bei jedem Fortschritt, eine Schattenseite, die empfindliche Nasen früher wahrnehmen als diejenigen, die vorgeblich im Krieg und im Gestank der Gefangenschaft verloren gegangen sein sollen. Der leibhaftige Mensch hinkt mit seinen Schweißdrüsen dem technischen Fortschritt hinterher. Leicht neigt er dazu, kunstfaserbekleidet zu müffeln.

pflegeleicht

Übergangs**mantel**

Übergangsmantel ■ In der Garderobe dieser Jahre spielt er den Libero, immer einsatzbereit, auch wenn es nur selten dazu kommt. Ist es kalt genug oder noch nicht richtig warm, schlägt seine Stunde. Auf den Markt kommt er, als unmittelbare Not schon gestillt scheint. Er ist ein Vorzeichen beginnenden Überflusses, wenngleich seinem Kauf auch Grübeln vorausgegangen sein mag. Von einem drängenden Bedürfnis kann keine Rede sein, wohl aber von einem metaphysischen, nämlich dem Bedürfnis, auf alles vorbereitet zu sein, jeder Wetterlage angemessen bekleidet entgegenzutreten. Das Bekleidetsein ist in diesem Jahrzehnt überhaupt das Thema. Als unbekleidet gilt, wer es wagt, als Mann ohne Hut oder als Frau auch ohne Kopftuch auf die Straße zu gehen. Der Übergangsmantel macht den mit ihm bekleideten Körper zu einem angepassten Wesen. Daher gilt er auch als textiles Vorzeichen für die politische Kultur des Jahrzehnts.

LEIBES-
ÜBUNGEN

Mit dem Endspiel von Bern gibt der Fußball wieder Gelegenheit zum Siegen. Was für eine Erleichterung, selbst wenn es
so nass ist wie in jenem Juli 1954. Internationale Sporter-
eignisse sind musikalisch davon überschattet, dass beiden
deutschen Staaten nicht ihre Nationalhymnen vorgespielt
werden, sondern sie sich mit der »Freude schöner Götterfunken« zufriedengeben müssen.

Abseits

Abseits ■ Es wäre ein Missverständnis, das Abseits des Jahrzehnts in Bern 1954 als maßgebliches Bild für die Bedeutung des Wortes zu betrachten. Die Entscheidung des Schiedsrichters William Ling, das ungarische 3:3 von Ferenc Puskás wegen eines Abseits nicht anzuerkennen, hat der deutschen Fußballmannschaft bei schönstem Fritz-Walter-Wetter den Sieg eingetragen. Literatur und Medien durchzieht in den 15 Jahren nach 1945 aber auch ein anderes Abseits. Man fühlt sich im Abseits der Völkergemeinschaft. Mit Fleiß und Wirtschaftswunder lässt das Gefühl sich in Schach halten, nicht aber verdrängen. Mit dem Verdikt »abseits« werden steile Thesen über den Jazz verbreitet (»Tonwerdung des Bösen und Minderwertigen«). Es bezeichnet die Enttäuschung von Spätheimkehrern und dle Lage deutscher Soldatenfriedhöfe in Tunesien. Es ist das Niemandsland moderner Autoren, Maler und Musiker. Arno Schmidt findet sein geliebtes Abseits 1958 in Bargfeld.

Endspiel ■ Endspiele prägen das Jahrzehnt: das WM-Finale 1954 in Bern und 1957 Samuel Becketts Theaterstück, ein Triumph im Spiel und ein Stück vom Ende des Spiels. Auf sportliche Heroik folgt postheroisches Scheitern in gedehntester Zeitlupe, der Mensch ein trauriger Witz im Kosmos, überschattet von deutschem Fieber, das der DFB-Präsident Peco Bauwens in die Worte fasst: »Dieser Sieg hat gezeigt, dass es Schatten auf dem Sport und dem deutschen Volk nicht mehr geben kann, wenn man es ehrlich mit uns meint.« Wotan habe seinen wackeren Knaben beigestanden. Der Bayerische Rundfunk unterbricht die Übertragung, als Bauwens sich auf das Führerprinzip beruft. Beckett macht darauf gefasst, dass Schluss ist, auch wenn es damit dauern kann. Eure Zeit läuft ab. An den deutschen Bahnhöfen warten Hunderttausende auf die Sieger von Bern. Im Osten darf man sich nur klammheimlich freuen.

Fritz-Walter-Wetter ■ Der Sparkassenangestellte Fritz Walter wird 1940 von der Wehrmacht eingezogen. Reichstrainer Sepp Herberger kann ihn bis 1942 immer wieder für Spiele zurückholen. 1942 ermahnt er seinen besten Spieler, er möge sich im Krieg zurückhalten, er werde noch gebraucht. Walter befolgt den Rat. Keine Kugel will er abgeschossen haben, keine hat ihn verwundet. Nur die Malaria erwischt ihn. Sie verleidet ihm, was andere »schönes Wetter« nennen. Für ihn ist es die Hölle. Als Kriegsgefangener wartet Walter in Rumänien auf den Abtransport nach Sibirien. Wachmannschaften und Gefangene vertreiben das Warten mit einem Fußballspiel. Als die Wächter sein Talent bewundern und erfahren, wer er ist, bewahren sie ihn vor dem Abtransport, rubeln ihn um in einen Franzosen und schicken ihn heim nach Kaiserslautern. Die Malaria bleibt ihm erhalten. Schönstes Fritz-Walter-Wetter heißt Sturm und Regen, dann läuft Walter zu großer Form auf, wie in Bern beim Endspiel mitten im Juli 1954.

Strafraum ■ Ein Wort, das so klingt, als hätte Franz Kafka es erfunden. Der Strafraum ist eine Bühne. In ihm verwandelt sich das Amphitheater des Fußballfelds in ein Kammerspiel. Hier kommt die Zeit unter die Lupe, nimmt das Geschehen, unendlich verzögert oder immer wieder zurückgespult, seinen Lauf. Die Strafe für ein Handspiel oder ein Foul wird augenblicklich vollstreckt. Regelverstöße im eigenen Strafraum werden mit einem Elfmeter geahndet, ein Zweipersonendrama in Pillenform. Zwei Spieler stehen nun unter Strom. Die Angst des Torwarts und die Angst des Vollstreckers vor dem Torwart gleichen sich. Wem gelingt es, den anderen zu überlisten? Der Torwart versucht mit Faxen, den Spieler zu verwirren. Der Spieler tut vielleicht so, als werde er in die rechte Ecke schießen, während er dem Ball eine Drehung nach links mit auf den Weg gibt, und lockt so den Torwart in die falsche Ecke. Scham und Jubel, himmelhochjauchzend, zu Tode betrübt, mischen sich im Ernstfall des Spiels. Einen anderen Strafraum der jüngsten deutschen Geschichte erkundet in diesen Jahren der hessische Generalstaatsanwalt Fritz Bauer, ohne Schiedsrichter. Seine Gegenspieler sitzen in Bonn.

Strafraum

Schiedsricher

Schiedsrichter ■ Er betritt erst zehn Jahre nachdem man mit dem Fußballspielen begonnen hat, erstmals das Spielfeld. Der Mann in Schwarz, noch ist das so, hat das Kommando über Spieler, Trainer, Offizielle und Assistenten. Er kann durch einen einzigen Pfiff weltumrasenden Zorn auslösen. Wehe aber dem, der etwas sieht, was andere nicht gesehen haben. Oder umgekehrt. Der Unparteiische wird gerne als parteiisch verunglimpft. Mancher wird nach dem Spiel verprügelt oder umarmt. Natürlich muss er seiner Aufgabe gewachsen sein, darf sich auch nicht bestechen lassen, dann hat er sich verschiedsrichtert. Was für ein Albtraum, wenn im Winter 1954 10 000 deutsche Fußballfanatiker (Fans gibt es noch nicht) im von deutschen V2-Raketen noch verwüsteten London einen Sieg über die Briten gefeiert hätten. Aber die Weltmeister des Jahres verlieren 3:1. Oh, Land of Hope and Glory!

Schlachtenbummler ■ Sie sind nicht zu Schlachten aufgelegt, zum Bummeln auch nicht. Sie sind eine mehr oder weniger gebändigte Menge von Fanatikern. Gibt es sie im Singular? Das widerspräche ihrer Natur, besäße aber eine erstaunliche Komik. Sie suchen in der Masse die Nähe zu historischen Augenblicken. Das Dabeisein ist ihre Bestimmung. Sie säumen während der Berlinale 1958 den Kurfürstendamm und sehen die göttliche Gina Lollobrigida, eskortiert von weißen Mäusen. Sie sind 1954 bei Fritz-Walter-Wetter neben Schweizer Radaubrüdern in Bern oder sitzen unerkannt und ungezählt vor den Fernsehern, deren Zahl in deutschen Haushalten sich im Jahr 1954 von 11658 auf 84278 bei der Bundespost angemeldete Geräte erhöht. »Gehen Sie bitte aus dem Schussfeld« wird 1955 aus einer Staude goldgelber Astern dem journalistischen Schlachtenbummler eines Manövers des Bundesgrenzschutzes zugeflüstert.

Schlachtenbummler

Schlachtenbummler ■ *Die deutschen Zuschauer reißen jubelnd die Arme hoch, als die deutsche Fußballnational-mannschaft 1954 mit 3:2 gegen Ungarn die WM gewinnt.*

VERKEHR

Er kommt schneller in die Gänge, als nach den Zerstörungen des Kriegs zu hoffen war. Bald auch wieder über die Alpen im Volkswagen oder mit Chauffeur am Volant im 300 S des Herrn Generaldirektors mit wechselndem Anhang. Autos befreien auch von beengten Wohnverhältnissen. Junge Paare entziehen sich durch Individualverkehr der zu fürsorglichen Belagerung durch Eltern.

Caravan

Caravan ∎ Der Opel Caravan ist ein Kombi, dessen Front anfänglich aussieht wie ein Hai-Mops mit verkürztem, gebändigt aufgerissenem Maul. Bald verbindet man mit Caravan aber vor allem ganz erstaunliche Wohnwagen. Anfangs sind sie noch nicht dazu bestimmt, über die Alpen gezogen zu werden. Am Rand der Städte dienen sie nicht nur reisendem Volk als Unterkunft, noch 1958 sind es allein in Hamburg 1000 Wohnwagen. Fürs Fernweh nach dem Lago Maggiore oder der Adria erfindet die Industrie die dollsten Formen. Das Material soll vor allem leicht sein, zum Beispiel aus Sperrholz mit lackiertem Textil überzogen. Auffahrunfälle und Schleudermanöver sind für Caravanser gefährlich. Das Gewicht des Wohnwagens solle tunlichst das Leergewicht des Pkws plus 75 Kilogramm geteilt durch zwei unterschreiten. Lieber eine Nummer kleiner, als durch zu viel Gewicht nicht über den Pass zu kommen. Es gibt ein zigarrenförmiges Wohn-U-Boot auf Rädern. In der Ostzone wird das Dübener Ei berühmt.

Goliath

Goliath ■ Wir schreiben das Jahr 1956. Die Familie vom Niederrhein (fünf Kinder, die jüngsten drei und zwei Jahre alt, die Älteste zwölf), setzen sich mit den Eltern in den Goliath. Ihr Nachbar fährt sie an die französische Kanalküste. Dort vertiefen sie in einem langen Sommer die im Jahr 1946 begonnene Freundschaft mit dem Amtsbruder des reformierten Pfarrers aus Nimes und seiner Familie. Sie haben sich 1945 kennengelernt, als der Deutsche Kriegsgefangener in Frankreich war. Es ist der Beginn einer Freundschaft, die auf die Kinder übergeht. Im Gedächtnis des Dreijährigen das Salz in der Luft, die stete Brise, unter der die sengende Sonne aushaltbar wird, die Liebe zu Janine, die sich um ihn kümmert, weil er etwas kränkelt, bis zur Rückfahrt, bei der die Kinder an den Grenzen im Kanon »Bruder Jakob« schmettern, vom Alt der Mama grundiert, damit die Zöllner das Winseln des Braque-Hündchens Diane nicht hören, die wir im Goliath mit an den Niederrhein nehmen, wo sie bald die Nachbarschaft bezaubert.

Motorroller ■ Der Motorroller ist das Ein-stecktuch des Verkehrs. Arbeiter lassen keinen Zweifel, woran sie mehr interessiert sind: an einem richtigen Motorrad. Die Motorroller sind den Angestellten vorbehalten. Im Jahr 1952 werden 6059 Motorroller von Arbeitern, 9346 von Angestellten und 2106 von Beamten in Betrieb genommen. 291 Geistliche benutzen sie für Besuche bei den Schäfchen. Deutsche Roller heißen »Diana«, »Imme«, »Prima« und »Till«. Mit zwei Personen und Gepäck an Bord erreicht das Häschen auf den Autobahnen eine Reisegeschwindigkeit von 80 Stunden-kilometern. Audrey Hepburn und Gregory Peck knattern auf einer Vespa durch Rom. Der Ge-meindebote darf es nicht betrunken fahren. Ihr Markterfolg wird bald den einzigen richtigen Playboy Deutschlands ernähren. Ökonomen reiben Käufern von Motorrollern unter die Nase, sie sollten besser sparen. Der Markt für Dienstmädchen in den besseren Haushalten scheint fast leergefegt: »Stelle Hausgehilfin Motorroller zur Verfügung.«

Radar

Radar ■ Zuerst ist er ein Thema der Luftsicherheit und der Kriegsführung. Noch sind die Autos nicht so schnell, dass man daran denkt, ihre Geschwindigkeit zu messen. Damit fängt Bremen 1956 an. Noch reicht im Kampf gegen Verkehrssünder der Blick des Schutzpolizisten auf den eigenen Tachometer. Hochseefischer sehnen sich nach der Technik, denn sie erleichtert den Fang der großen Rotbarschschwärme. Die Strahlen, zugleich auch Fernrohr, machen schwere Bomber, U-Boote, Schlachtschiffe, Flugzeugträger und Panzer verwundbar. Sie können Gefahren erkennen und panzerbrechende Geschosse ins Ziel lenken. Noch gibt es dafür keine Satelliten. Die moderne Militärtechnik macht das Schleifen von Rekruten lächerlich, obschon der Krieg, und sei es bloß im Manöver, noch so geführt wird, wie kriegsspielende Pennäler ihn sich träumen. Das minimiert die Moral schon bevor die Wehrpflicht eingeführt wird. Das neue Auge, das weit in die Welt hineinblickt, bewahrt nicht vor politischer Kurzsichtigkeit.

Volkswagen ■ Früh wird er nur noch VW genannt. Anfangs hat er hinten noch die kleine Brezelscheibe. Bald wird sie größer und erleichtert den Blick zurück, der in der Alltagskultur noch zu kurz kommt. Er gilt als »Botschafter deutscher Tüchtigkeit«. Nur im Fuhrpark der niedersächsischen Landesvertretung ist er unbeliebt. Den beleibten Herren scheint er zu eng; sie würden lieber Mercedes fahren. Für einen Angestellten mit 300 DM Monatsgehalt kostet ein VW im Jahr 1953 14,5 Monatseinkommen. In den Kinos ducken sich die Zuschauer vor dem aus der Leinwand auf sie zufahrenden Volkswagen. Schmelzkäsehersteller Milkana bedankt sich bei Wettbewerbssiegern für die neuen Markennamen »Alpengold« und »Rahmcreme« mit je einem VW. In Kanada besingt man den Käfer nach der Melodie von »O du lieber Augustin« »Buy a little Volkswagen, Volkswagen, Volkswagen«. Der millionste Käfer gilt als Ereignis von europäischer Bedeutung. Sein Erfolg färbt ab auf andere Produktgruppen wie die Volksdemokratie und den Volkslippenstift. In Amerika heißt er: »Wölk«.

Volks*wagen*

Volkswagen ■ *Mit Segelboot und Caravan geht's mit dem VW Käfer über die Alpen. Billig, sparsam, zuverlässig und einfach zu reparieren ist er das ideale Auto für Otto Normalverbraucher.*

Zwischengas ■ Das Kuppeln ist im Zwischenmenschlichen Straftatbestand, im Verkehr Bewährungsprobe. Noch sind die Getriebe nicht synchronisiert. Die Motoren brauchen eine Atempause, um ihre Drehzahl anzupassen, ehe sie sich dazu bequemen, in den niedrigeren Gang zu wechseln. Das Schalten in einen höheren Gang erfordert doppeltes Kuppeln, was im Strafrecht als erschwerender Tatbestand gilt. Die nicht synchronisierten Zweitaktmotoren heulen bei unzarten Zwischengasmanövern kurz auf und verbrennen eine Extraportion des übelriechenden Zweitaktgemischs. Gelingt das Manöver nicht richtig, ertönt ein Krachen in den Tiefen des Getriebekanals, mit dem sich der Motor dem ungeübten Fahrer und seinem unfreiwilligen Publikum rüde in Erinnerung bringt. Alten Hasen macht fein dosiertes Zwischengas besondere Freude. Sie tanzen auf den Pedalen und fühlen sich eins mit dem Gefährt. Der Rückwärtsgang ist ein anderes Kapitel. Wer ihn einzulegen versucht, während sich das Auto noch weiter vorwärtsbewegt, riskiert erheblichen Schaden.

FORT-SCHRITT

Zu den Merkmalen des Fortschritts gehört es, dass er manchmal erst im Rückblick auffällt. In diesem Jahrzehnt ist er an entscheidenden Stellen erstaunlich diskret. Die Gleichberechtigung von Männern und Frauen wird erst 1958 gesetzlich verankert. Menschen können nun mit Raketen die Erde verlassen. Autoritärer Ballast aus vergangenen Zeiten wird noch in Kauf genommen, bald aber abgeschüttelt.

Raumfahrt ■ Nun sind die Deutschen ein Volk ohne Raumfahrt. Man darf sich aber an den Programmen der großen Brüder im Osten und Westen beteiligen. Im Weltraum ist zu diesem Zeitpunkt aktives Leben von Warmblütern unvorstellbar. Nur kaltblütige Tiere wie Eidechsen, Schildkröten, Leguane oder auch Fledermäuse im Winterschlaf können dort überleben, so glaubt man. Die Rückkehr der Hündin Laika (das heißt: »Kläffer«) ist nicht vorgesehen. Laika bezahlt die Ehre mit ihrem Leben. Fernsehprofessor Heinz Haber und Raumfahrtpionier Wernher von Braun kommentieren für Walt Disney die Abenteuer der Raumfahrt. Der Mensch, bald endlich auch außerirdisch zu haben, ist verantwortungsbewusst, bescheiden, seriös und hellauf begeistert für seine Mission, macht aber Fehler am laufenden Band. Haber freut sich über den Auftrag, über Ungenauigkeiten und Unstimmigkeiten der Serie aufzuklären.

Raumfahrt

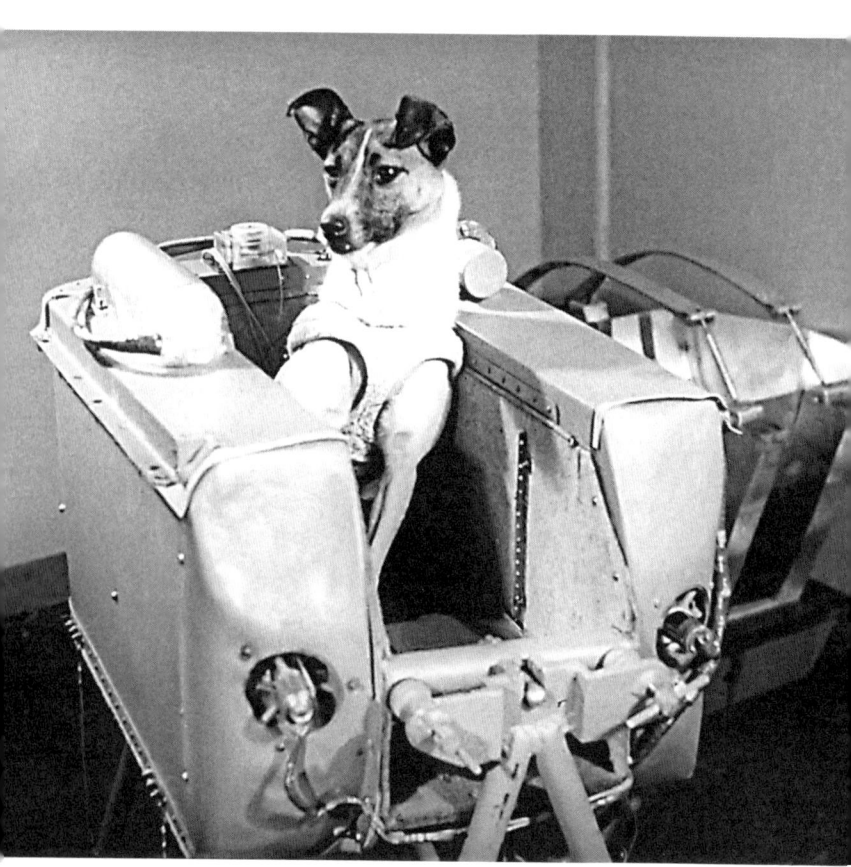

Raumfahrt ■ *Die Hündin Laika wird im Rahmen der Mission Sputnik 2 als erstes Lebewesen ins All geschickt – und stirbt nach wenigen Stunden durch starke Hitze.*

Sputnik ■ Völker hört die Signale! Ein Gepieps rast um die Welt, spaziert als Triumph der Gottlosen durch den Kosmos und verkündet auf Briefmarken den Sieg des Ostens. Der Start des sowjetischen Satelliten im Jahr 1957 versetzt dem Westen einen Schock. Staaten, die sonst empfindlich reagieren, wenn es um ihre Lufthoheit geht, drücken beide Augen zu, sobald es sich um etwas höher fliegende Raumvehikel handelt. Die Antwort auf den Sputnik ist der westliche Spätnik, unser Explorer, unser Schätzchen. Man möchte ihn am liebsten knuddeln. Und er ist so gesund, er wiegt 13,3 Kilo! Ein feines Kerlchen! Er macht 28 000 Kilometer die Stunde. Das soll ihm mal einer nachmachen. Sogar zu weit ist er geflogen, der übermütige Schelm, schreibt die *Zeit*. Der Sarkasmus drückt aus, wie sehr der Sputnik-Schock dem Westen in den Knochen sitzt. Die Bürger der DDR lassen sich nicht beirren: Im Thüringer Wald und im Erzgebirge beginnt die Produktion hölzerner Sputniks. Weihnachtspyramiden tragen auf der Spitze einen leuchtenden Sputnik.

Sterbehilfe ■ Der gute Tod galt einst als Ideal. Im Dritten Reich fallen unter dem Begriff der »Vernichtung lebensunwerten Lebens« über 216 000 Menschen der planmäßigen Ermordung zum Opfer. Strafprozesse in Freiburg, Tübingen, Nürnberg, Frankfurt und Dresden verhandeln über die Planung, Durchführung und Beihilfe zu diesen Morden an kranken und behinderten Menschen. Die Prozesse tragen dazu bei, das medizinethische Denken zu schärfen, aber erst in späteren Jahren. Die Prozessberichte Alexander Mitscherlichs, anfangs nur für Ärzte bestimmt, erscheinen erst 1960 als Buch. In den 50er Jahren scheint das Wort wie aus der Zeit gefallen. Es wird darüber nicht geschrieben, auch kaum geredet. Das kommunikative Beschweigen wird als Begriff erst später geprägt. Wenn die Verzweiflung überhandnimmt, finden sich Mittel und Wege. Ans Ende ihres Lateins gekommen leisten Ärzte und Pflegekräfte wortlos Sterbehilfe. Ein guter Tod sieht anders aus.

Sterbehilfe

Stress

Stress ∎ Kurgäste suchen Genesung von leiblichen Beschwerden oder auch einen Kurschatten. Viele leiden an Spätfolgen des Krieges, die meisten an den Folgen von Sechstage- und 48-Stunden-Woche. Erst 1955 beginnen die Gewerkschaften mit dem Kampf um die 40-Stunden-Woche. Ein Jahr darauf fordern sie »Samstags gehört Vati mir«. Wem Vati tatsächlich gehört, kann er oft nicht einmal selbst beantworten. Ausgerechnet die Zigarettenindustrie macht den Vorreiter mit der tariflichen 40-Stunden-Woche. Stress ist ein Wort aus der Fremde für subtile Merkmale der Entfremdung. Man versucht, ihm standzuhalten. Ihn als experimentell nachprüfbaren Ablauf hormonaler Reaktionen zu beschreiben, wird seinen äußeren Erscheinungsformen kaum gerecht. Manche nennen ihn eine neue »Geißel der Menschheit«. Für andere ist er eine Modetorheit der Medizin, wären da nicht diese drei kleinen Drüsen, die den chemischen Ausgleich im Körper steuern, wenn der Schnaps zwischendurch für das Pegelmanagement nicht mehr reicht.

Stress ■ *In den 50er Jahren spricht man meist von Managerkrankheit, wenn Menschen aufgrund Überforderung am Arbeitsplatz zunehmend an Herz-Kreislauf-Erkrankungen leiden.*

Yeti ■ Wie es der Schneemensch Yeti aus dem Hochgebirge Nepals in den Alltag von Vermischtes-Meldungen im rheinischen Kapitalismus gebracht hat, gehört zu den un-ergründlichen Geheimnissen des Jahrzehnts. Das Kathmandutal liegt weit weg. Was macht den Umstand, wen man dort nicht oder doch gesehen haben will, zur Nachricht? Gibt es ihn, ja oder nein? 1954 machen sich mehrere Expeditionen auf den Weg, um nach dem Yeti zu suchen. Es wird berichtet, dass er einen äußerst massiven Kiefer habe, eher klein-wüchsig sei, aber mit einem Gewicht von bis zu fünf Doppelzentnern auf großem Fuß lebe. Diese Beschreibung legt es nahe, im Bild des Yeti ein verdrängtes Selbstbild, den im ewigen Eis lebenden Wiedergänger des an Lange-weile leidenden Homo hominis zu erkennen. Sind wir nicht alle irgendwie auch Bär, mithin Lebewesen, die es aus unerfindlichen Gründen schaffen, mit dickem Fell in großer Kälte zu überleben?

POLITIK

Sie hat im Kalten Krieg die Oberhand, ist Schicksal und Bewährungsprobe zugleich. In Reden klingt sie manchmal noch martialisch, aber wenn man den rheinischen Tonfall des Kanzlers hört, missversteht und unterschätzt man das als Gemütlichkeit. Sie entwickelt sich zu einer Kunst des Verdrängens als unlösbar geltender Probleme.

Atombombe ■ Wie ist über Vernichtung zu sprechen, wenn es kein Überleben gibt? Die Atombomben, die am 6. August 1945 über Hiroshima und drei Tage später über Nagasaki explodieren, heißen »Little Boy« und »Fat Man«. Nach dem Krieg testen die Amerikaner von 1946 bis 1956 weitere Bomben über dem Bikini-Atoll. Die Wasserstoffbombe »Bravo« ist tausendfach stärker als Little Boy. Das Dasein unter dem Zeichen der Bombe ist unbekanntes Gelände, schreibt Günther Anders. Ihre Existenz zu verdrängen sei das Betriebsgeheimnis der Epoche. Mit der Drohung, die Welt vielfach vernichten zu können, sichert die Formel vom Gleichgewicht des Schreckens im Kalten Krieg einen gefährdeten Frieden. Dürfen Physiker Aufträge der Macht entgegennehmen, ohne über die Konsequenzen selbst zu befinden? Stanley Kubrick hat den Film »Dr. Seltsam oder wie ich lernte, die Bombe zu lieben« gedreht, weil diese Frage bis heute offengeblieben ist. Die Russen bekommen 1945 das in Los Alamos ausspionierte Material in einer New Yorker Kino-Loge ausgehändigt.

Atombombe ◼ *Atombombentest in der Wüste von Nevada (USA) im Jahr 1953.*

Demoskopie ■ Volksbeschau steht in einer großen Tradition. Die einen nennen sie Demokratiewissenschaft, die anderen Machttechnik. Haben die Demoskopen oder die Zeitungen größeren Einfluss auf die öffentliche Meinung? Die Demoskopie fotografiert die öffentliche Meinung, die Presse beeinflusst sie. So kann man sich täuschen. Der Streit ist unentschieden. Warum nur hat der Süddeutsche Rundfunk im Jahr 1954 so viele unzufriedene Hörer? Was macht Bismarck populärer als Konrad Adenauer? Sind Sie für oder gegen die Berliner Notopfermarken? Würden Sie gern auswandern? Wohin? Essen Sie lieber Grau-, Weiß- oder Schwarzbrot? Sind Sie für die Auflösung Ihres Wohnungsamtes? Was halten Sie von der Ortskrankenkasse? Hören Sie Radio? Die erste Frage muss so unkompliziert wie möglich sein. Demoskopen sind kühl, sachlich, objektiv, aber wie jeder Pionier in ihre Arbeit fanatisch verliebt. Im Juni 1951 votieren 40 Prozent der Befragten für Schwarz-Weiß-Rot als Bundesflagge, nur 20 Prozent für Schwarz-Rot-Gold.

Demoskopie

Hohe Kommissare

Hohe Kommissare ■ Durch das alliierte Besatzungsstatut sind sie von 1949 bis 1955 Bewährungshelfer und Vormund der deutschen Bundesregierung. Das Mündel unter ihrer Obhut setzt auf elastische Politik, um die ihm gesetzten Grenzen zu testen und auszudehnen. Die in der Bundesrepublik akkreditierten Diplomaten überreichen ihre Beglaubigungsschreiben den Hohen Kommissaren auf dem Petersberg; Deutsche sind dabei nicht anwesend. Ob die Hohen Kommissare den Bundeskanzler Adenauer stützen oder stürzen wollen, ist nicht so leicht voneinander zu unterscheiden. Der Vorschlag des amerikanischen Hohen Kommissars John J. McCloy, in ganz Deutschland freie Wahlen abzuhalten, wird von der Bundesregierung kühl aufgenommen. Die Reden der Hohen Kommissare sind darum bemüht, ein Klima des guten Willens zu schaffen, auch wenn sie manchmal wie von hohem Ross gehalten werden. Der Wundergreis Konrad Adenauer versteht es, sich mit allen Vormündern gut ins Benehmen zu setzen.

Juliusturm ■ Etwa drei Kilometer entfernt vom Gefängnis von Rudolf Heß steht der Juliusturm der Zitadelle Spandau. Frankreich musste nach dem verlorenen Krieg von 1870/71 eine Entschädigung an das Deutsche Reich in Höhe von fünf Milliarden Francs zahlen. Ein Teil dieses Reichskriegsschatzes wird bis 1914 im Juliusturm eingelagert. Zwischen 1952 und 1956 hat Finanzminister Fritz Schäffer aus Haushaltsüberschüssen fast acht Milliarden DM zurückgelegt. Sie liegen in keinem Turm, wecken aber Begehrlichkeiten. Zu deren Abwehr bedient sich der Finanzminister der Märchenkunde. Der Hüter des metaphorischen Juliusturms bestreitet, dass es einen Juliusturm gibt, obschon unbestritten ist, dass stillgelegte Steuergelder für die Rückzahlung von Auslandsschulden und den Aufbau der Bundeswehr bestimmt sind. Der Streit zwischen Juliustürmerei und Juliusstürmerei prägt die deutsche Geldpolitik bis in die Gegenwart.

Julius**turm**

Lastenausgleich ■ Lange wird gestritten, bis 1952 das Gesetz über den Lastenausgleich beschlossen wird. Es bestimmt den Ausgleich zwischen kriegsbedingten Vermögensverlusten und erhalten gebliebenen Vermögen, andere sagen: zwischen Resignation und Verzweiflung. Die Annahme, dass die einen sich reicher und die anderen sich ärmer rechnen, scheint nicht abwegig. Die deutsche Finanzverwaltung prüft aber auch Schwindelversuche gewissenhaft. Vorsorglich bestimmt das Gesetz, dass mit Zahlung des Lastenausgleichs kein Verzicht auf Eigentum in den ehemaligen Ostgebieten oder auf dem Territorium der »sogenannten DDR« verbunden sei, weswegen das Gesetz bis auf den heutigen Tag seine Wirkung entfaltet. Dem einen ist das Häuschen weggebombt, dem anderen blieb es erhalten. Kleinsparer gehen leer aus. Das Gesetz von 1952 gilt als Vorbild für einen neuerlichen Lastenausgleich zwischen Vermögenden und Armen. Manche fordern ihn, Zahlungspflichtige lehnen ihn ab. Das hat sich nicht geändert.

Lobbyist

Lobbyist ■ Sein Lebensraum befindet sich nah an denjenigen, die Entscheidungen vorbereiten, und denen, die sie treffen. Der Wandelgang vor dem Plenum des Bundestages dient ihm dazu, einen Wandel zugunsten der von ihm vertretenen Interessen zu bewirken. Misstrauen hält er aus, solange er unbelauscht parlieren kann. Seine Macht reicht dazu, einen Gesetzentwurf im beratenden Ausschuss zu begraben. Meistens arbeitet er an der Aufgabe, eine einträgliche Vergangenheit zu verlängern. Seltener findet man ihn auf der Seite der Zukunft. Jedes von ihm beeinflusste Gesetz verkleidet Sonderwünsche als allgemeines Interesse. Kritisch bewertet der Politikwissenschaftler Theodor Eschenburg den Einfluss auf die Personalpolitik von Ministerien. Verdächtig macht ein Lobbyist sich, wenn er behauptet, mit Politik nichts zu tun zu haben. Bundeskanzler Adenauer räumt ein, ein Lobbyistengeschenk angenommen zu haben. Die Ministerialbürokratie rühmt sich gerne, Lobbyisten abgewehrt zu haben, räumt damit aber auch ihre Kontakte ein.

Pressebaracke ■ Sie ist, wie vieles in Bonn, ein Provisorium, nah beim Bundeshaus. Für diskrete Gespräche gibt es einen Ausschank in einem benachbarten ehemaligen Gehöft und den Zeitungskiosk vor dem Bundeshaus. Die Schreibmaschinen klappern in enger Nähe zu Klappbetten. Ihr Mittelgang erinnert an ein Schiffsdeck. Wen der vom Rhein wehende Wind nicht umbläst, der schwankt infolge schlechten Pegelmanagements regelmäßig konsumierter alkoholhaltiger Genussmittel (beliebt: Kognakbohnen). Nichts bleibt in ihr unbemerkt. Clous werden anderswo verabredet. Egon Bahr hat sein RIAS-Büro im Parterre unter Klaus Harpprechts Büro für den SFB im ersten Stock. Das Ticken der Fernschreiber und das Schrillen der Telefone vergleicht ein Beobachter mit der erregten See. Es fehle nur das Tuten der Dampfersirenen, und so seien die Pressebaracken zwei Kähne, die, von den Wogen der Zeit getragen, geschaukelt und erschüttert werden. Alles liegt in Katzensprungnähe, im Treibhaus des politischen Betriebs.

Schlussstrich

Schlussstrich ■ Viele wollen einen Schlussstrich ziehen: unter das ganze Kapitel, das
Gestern, die Vergangenheit, die Psychose
von 1945 usw. Man bleibt vage. Erst sollte das
Dritte Reich 1000 Jahre dauern, dann will man
sich so schnell wie möglich von der Erinnerung
an zwölf Jahre befreien. Die vielen Schluss-
striche, die die Texte des Jahrzehnts prägen,
beziehen sich auf alles Mögliche. Sie umgehen
es zu sagen, was sie mit einem Schlussstrich
auf Abstand rücken wollen. Das Gedenken an
die Opfer fällt so schwer, dass es kaum zur
Sprache kommt. Wenn man einen bereinigen-
den, ausdrücklich dicken Schlussstrich ziehen
will, dann bitte richtig! Ein Schlussstrich unter
die Erinnerung ist untauglich. Der Trugschluss
ist offenkundig. Die Sehnsucht nach Schluss-
strichen weicht dem Schrecken der jüngsten
Vergangenheit aus, als sei sie eine Ersatz-
handlung dafür, den einen Schlussstrich nicht
zu wagen, weil er keine Erlösung von dem
Schrecken in Aussicht stellt.

Subbotnik ■ Das Wort leitet sich aus dem russischen Wort *subotta* für Samstag ab, sprachlich ein Lehnwort aus dem Hebräischen und Jiddischen (Sabbath, Schabbat, Schabbes). Der Ruhetag wird für den Subbotnik in der DDR zu einem freiwilligen unentgeltlichen Arbeitseinsatz. Die Abschnittsbevollmächtigten führen Buch darüber, bei wem die Freiwilligkeit zu wünschen übrig lässt. Wer mitmacht, hofft auf Pluspunkte für sozialistisches Verhalten, etwa bei der Wohnungssuche. Die Ziele wirken erreichbar: Unsere Nachbarschaft soll schöner werden. Nach getaner Arbeit winken Selbstgebackenes und reichlich Alkohol. Der Subbotnik geht zurück auf den Artikel »Die große Initiative« von Wladimir Iljitsch Lenin im Juni 1919. Darin lobt er den Heldenmut der Arbeiter im Hinterland. Hinterland ist nun überall und Mut ist tatsächlich geboten, wenn man sich mit offenen Augen umschaut. Weil es an Material und Ideen mangelt, wird der Subbotnik bald zu einer bloßen Pflichtübung, dem Anfang vom Ende.

Subbotnik

Subbotnik ■ *1952 berichtet die Illustrierte »Zeit im Bild« vom Subbotnik auf dem Altmarkt in Dresden. Durch diese mehr oder weniger freiwilligen Arbeitseinsätze gelingt der Wiederaufbau.*

Tuchfühlung

Tuchfühlung ■ In der Tuchgeschichte gibt es einige Reliquien, denen erhebende Wirkung zugeschrieben wird, wenngleich sie aus guten Gründen dem Befühlen entzogen bleiben. Im Luftschutzkeller ist Tuchfühlung beklemmend. Auch im literarischen Klassenkampf kann der Abstand gar nicht groß genug sein. Manche sehnen sich nach Tuchfühlung mit der Gefahr, als ob ihnen um Haaresbreite überlebte Gefahren nicht reichten. Verheirateten Frauen wird empfohlen, zu ihrem früheren Beruf Tuchfühlung zu halten. Nachbarn ist sie noch befremdlich. Beim Weihnachtsgottesdienst scheinen Engländer ihre sonstige Abneigung gegen Tuchfühlung abzulegen, notiert ein deutscher Gast berührt. Der neue Tanz, den die Engländer »Creeper« nennen, wird in Deutschland als »Schleicher« in engster Tuchfühlung ausgeführt. Werden darum die Hosen wieder so eng? In Berlin bedeutet Creeper, Backe an Backe zu tanzen. Am 7. März 1956 nähert sich der Planet Mars der Erde auf Tuchfühlung.

Wiederbewaffnung ■ Gefährdet sie die wirtschaftliche Gesundung Europas? Ist es besser, dem Starken waffenlos zu begegnen? Was wollen die breiten Massen? Was sagt die Jugend? Warum sind die Franzosen dagegen? Ist es besser, für sie nur im Schlepptau der Sieger einzutreten? Wer sind die guten, wer die schlechten Deutschen? Wer gegen sie ist, sei auch gegen ein geeinigtes Europa. Hoffentlich führt sie nicht zu einer Einschränkung des Konsums. Die Wiederbewaffnung werde den Einzelhandel vor der Zuwanderung fragwürdiger Existenzen bewahren, heißt es. In einem Atomkrieg habe die Infanterie ohnehin fast gar keinen Wert. Das französische »Non« hat Bonn überrascht. Jetzt aber bitte ein Soldatenstück! Ihre Gegner werden mit zweifelhaften Argumenten lächerlich gemacht. 1955 ist es dann so weit: Im Zuge des NATO-Beitritts wird die Bundeswehr gegründet, im Osten, der dem Warschauer Pakt angehört, erblickt ein Jahr später die NVA das Licht der Welt.

Wiederbewaffnung

Wiederbewaffnung ■ *1956 besucht Bundeskanzler Adenauer in Andernach fünf Kompanien der neu aufgestellten Bundeswehr. 1955 war in den Pariser Verträgen die Souveränität der Bundesrepublik wiederhergestellt worden.*

Wiedervereinigung ■ Sie zu beschwören ist eine rhetorische Übung im Stil der chinesischen Tropfenfolter, nur ohne deren Wirkung. Die Alliierten geben dazu Lippenbekenntnisse ab. Das Territorium der DDR gilt als Mitteldeutschland. Vieles wird für unabdingbar erklärt, was Verhandlungen vereitelt. Ohne Einbindung Deutschlands in den Westen wird es sie nicht geben. Wäre sie nur eine Sache des Gefühls, wäre sie kein Problem. Der Möglichkeitssinn des Jahrzehnts richtet sich nach Westen. Die Hymne einer gesamtdeutschen Olympiamannschaft soll eine Marschversion der Beethoven'schen »Götterfunken« sein. Aus rechtlichen Gründen sei eine Wiedervereinigung vor 1956 ohnehin unmöglich, wird im Jahr 1955 mitgeteilt. Dann dürfte der Maschinenpark Mitteldeutschlands nur noch Schrottwert haben. Die deutsche Frage und das Problem der deutschen Wiedervereinigung bleiben für Jahrzehnte auf der Tagesordnung. »Annäherung« heißt jetzt das Schlagwort des Ostens. Egon Bahr und Willy Brandt fügen später folgenreich »Wandel durch« hinzu.

WIEDER VEREINIGUNG

WIRTSCHAFT

Das Wirtschaftswunder nimmt früh an Fahrt auf, marschiert in atemberaubenden Wachstumsraten voran. Die Bäuche werden runder. Ludwig Erhards Zigarre, das Volkswagenwerk und die Autos der Generaldirektoren werden zu Symbolen und bezeugen Stolz auf das Erreichte. Nicht alle können mithalten. Dem Osten wird durch Demontagen die industrielle Basis genommen.

Bückware

Bückware ■ Anfangs gibt es den Schwarzmarkt und das Fringsen, nachdem Kardinal Frings am 31. Dezember 1946 in Köln das siebte Gebot großherzig für Zeiten der Not ausgelegt hat. Kaum ist die staatliche Ordnung in Ost und West wieder etabliert, gibt es Mangel im Überfluss. Es ist unklar, wer sich bücken muss, um an etwas Begehrtes heranzukommen. Nicht immer ist es das Verkaufspersonal. Um von Bückware zu erfahren, bedient man sich der Flüsterpost. Dauerhaft Mangelware sind zahllose kulinarische Produkte oder auch Premierenkarten für das Berliner Ensemble und die Volksbühne, das große Wilhelm-Busch-Buch, Spreewaldgurken, Haushaltsfolie. Niemand geht aus ohne Einkaufsbeutel, der dem Transport unverhofft entdeckter Bückware dient. Selbst ein Ferienplatz auf Hiddensee lässt sich erbücken oder ein heiß begehrtes Fahrplanbuch der Berliner Verkehrsbetriebe. Man will wenigstens wissen, wann der Zug gekommen wäre, auf den man so lange vergeblich gewartet hat.

FÜNFJAHRES-PLAN

Fünfjahr(es)plan ■ Er intoniert die Ballade von der Unzulänglichkeit menschlichen Planens. Der schmetternden Weihrauch-Plan-Prosa des Ostens begegnet mit insgeheimem Staunen gemischter Spott aus dem Westen. Die Uranförderung im Erzgebirge dient der nuklearen Rüstung der Sowjetunion. In die kleinen Dörfer werden Tausende von Arbeitern zwangseinquartiert. Wenn sie ihr Fördersoll übererfüllt haben, werden sie mit Extra-Rationen Schnaps belohnt. Dann bersten die Abwasserkanäle und Sickergruben. Industriegeschichtlich und ökologisch schreiben die Pläne eine 40 Jahre dauernde Leidensgeschichte. Ohnmacht über das Nichterreichte mischt sich mit Stolz auf übertroffene Ziele. »Weltniveau!« rufen die einen. »Der Fünfjahrplan hetzt uns tot«, schreibt Victor Klemperer. Standesbeamte würzen Traureden mit Zitaten aus dem Fünfjahresplan. Im dritten Schuljahr buchstabieren die Kinder »Preßluftbohrer« und »Fünfjahrplan«.

Fünfjahresplan ■ *Propagandaplakat zum ersten Fünf-jahresplan. Nach dem Zweijahresplan von 1949/50 setzt man in der DDR auf Fünfjahrespläne, um Vorgaben zu definieren und Ressourcen zuzuweisen. Nachfrage, Nutzen und Qualität spielen keine Rolle.*

GEMA

GEMA ■ Sie ist der Riese im Hintergrund, für Urheber überlebenswichtig, den meisten völlig unbekannt. Sie sorgt dafür, dass der Gebrauch geschützter Werke bis 50 Jahre nach dem Hinscheiden der Urheber vergütet wird. Jede Tour eines Schlagersternchens mit dem jungen Peter Frankenfeld als Moderator wird abgerechnet. Manche wollen schon damals die Schutzfrist gänzlich beseitigen, andere eine ewige Vergütungspflicht festsetzen. Was so einfach klingt, ist alles andere als das. Wo beginnt die Vergütungspflicht eines geschützten Werks? Wo endet sie? Ist das Weihnachtsfest eines mittleren Unternehmens, bei dem geschützte Schnulzen abgenudelt werden, eine private Veranstaltung oder gilt sie als öffentlich? Was ist mit Kirchenmusik, die Johann Sebastian Bach komponierte, aber von leibhaftigen Männern und Frauen aus Fleisch und Blut vorgetragen wird? Überall entstehen Vergütungspflichten und die wenigsten merken das, gäbe es nicht die GEMA, die so seit 1947 heißt.

Girokonto ■ Es ist anfangs nicht weit verbreitet. Löhne und Gehälter von Arbeitern und Angestellten werden in Lohntüten ausgezahlt. Das Girokonto der Familie liegt nicht bei einer Sparkasse oder beim Postscheckamt, sondern in der Haushaltskasse der Hausfrau, die darauf achtet, dass die Lohntüte auf dem Heimweg des Zahltags nicht unversehens schrumpft. Mieten und andere laufende Kosten werden bar bezahlt. Die Postboten sind die Geldautomaten des kleinen Mannes. Sie zahlen Omas Rente aus, sie kassieren die Nachnahmesendung. Denjenigen, die schon ein Konto haben, bringen sie die Kontoauszüge. Im Rheinland singen drei fidele Omas »Schön ist die Welt, schön ist die Welt, morjen jit et wieder Rentenjeld!« Ab dem Jahr 1957 gehen öffentliche Verwaltungen und große Unternehmen dazu über, Löhne und Gehälter auf Konten zu überweisen. 1958 gibt es bei den Sparkassen schon fast fünf Millionen Girokonten. Für die Mehrheit der Beschäftigten bleibt es bis in die frühen 60er Jahre bei der Lohntüte.

GiroKONTO

Job

Job ■ So heißt Hiob auf Englisch. Das mag weit hergeholt klingen, aber im Übergang von »Arbeit« zum »Job« spielt auch biblische Mühsal eine Rolle. Hiob wird von Gott brutal geprüft. Seine Geschichte gebietet Achtung. Das deutsche Wort »Arbeit« ist ökonomisch, philosophisch und politisch anders aufgeladen. Das Sichplagen schreibt Industriegeschichte. Die Eindeutschung des englischen Worts wirkt wie eine Flucht vor dem historischen Bedeutungsreichtum der Arbeit. Es bezeugt einen Wandel. Noch garantiert ein erlernter Beruf eine Lebensstellung. Anders sieht es aus bei Angelernten ohne Ausbildung. Für sie wird der Job zu einer Gelegenheit. Der Soziologe Helmut Schelsky sieht in der Bezeichnung »Job« eine materialistische Haltung zum Beruf, die Bindung werde lose. Job klingt nach Tellerwaschen, Packen, Verkaufen, Chauffieren, Schuhputzen. Beim Job ist egal, was du machst. Es zählt nur, was du dafür bekommst. Nicht mehr das erlernte Können ist wichtig, sondern die nächste Aufgabe. Der Job verschiebt den Lebensinhalt auf die freie Zeit. Eine verheiratete Frau benötigt noch das Einverständnis ihres Mannes, um einen Arbeitsvertrag abzuschließen.

Montanunion ■ Der Riese in der Mitte Europas soll gebändigt werden. Konrad Adenauer will die unter Vormundschaft gestellte Bundesrepublik zurück in die Völkergemeinschaft führen. Für dieses Ziel riskiert er auch Konflikte mit den Ruhrkapitänen. Noch demontieren die Engländer im Ruhrgebiet Industrieanlagen, als der französische Außenminister Robert Schuman 1950 vorschlägt, für die deutsche und die französische Kohle- und Stahlproduktion einen gemeinsamen Markt zu schaffen. Adenauer erkennt den politischen Vorteil sofort und ist bereit zu Kompromissen. Im Kalten Krieg braucht man die deutsche Industrie und verschiebt die Kontrolle von den Besatzungsmächten zu einer europäischen Hohen Behörde. Sicherheit vor Deutschland gelingt nur mit ihm. Solche Gedanken führen weit. Der gemeinsame Markt für Erz, Eisen, Kohle, Schrott und Stahl ist Keimzelle der Europäischen Union. Gründer sind Belgien, Deutschland, Frankreich, Italien, Luxemburg und die Niederlande.

Montanunion

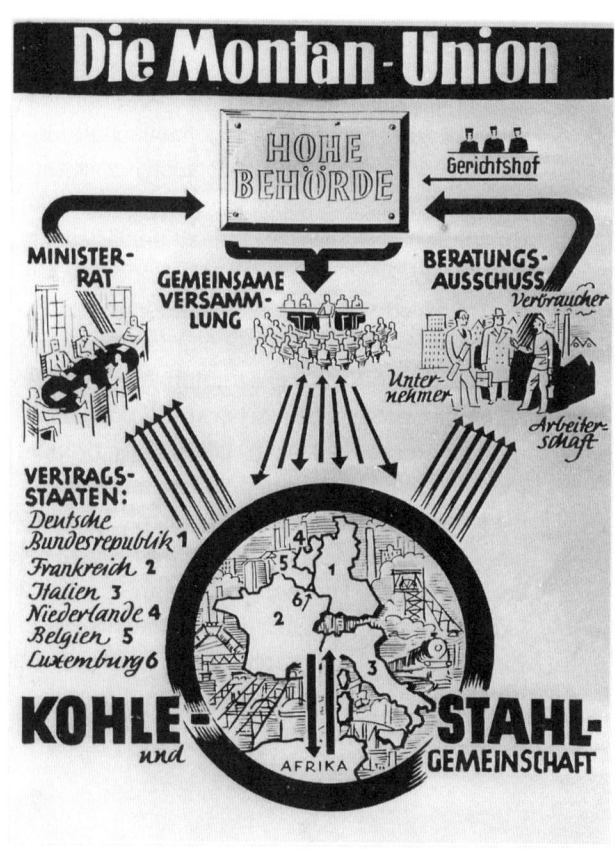

Montanunion ■ *»Europäische Gemeinschaft für Kohle und Stahl« (EGKS) ist die offizielle Bezeichnung der Montanunion, die 1952 in Kraft tritt. Die Vereinbarungen über die Kohle- und Stahlpolitik helfen insbesondere dem Ruhrgebiet.*

nachbessern ■ Vor den Umtausch oder den rückgängig gemachten Kaufvertrag haben die Götter der Marktwirtschaft das Nachbessern gestellt. Im Selbstverständnis und Qualitätsversprechen des »Made in Germany« scheint es nicht vorgesehen. Mängel sind ausgeschlossen, bis sie entdeckt werden. Mit dieser Logik sind die deutschen Mittelständler, auch manche Großunternehmen, unentwegt damit beschäftigt, hier und da etwas nachzubessern, etwas feiner zu steuern, bis der Aufwand dafür zu groß wird und das Produkt insgesamt erneuert wird. In der Politik ist die Forderung, es möge etwas nachgebessert werden, die Bewährungsprobe für den Wettbewerb zwischen Regierung und Opposition. Die Forderung, ein Gesetz oder einen Vertrag nachzubessern, klingt verträglicher als ein barsches »Nein«. Sie kreidet der Gegenseite ganz nebenbei einen Mangel in der Ausübung ihres Geschäfts an und zeigt die Opposition dazu bereit, die Regierung zu ersetzen. Taktisch ist es viel besser als ein »So nicht!«.

nachbessern

Schwarzarbeit ■ Sie blüht im Windschatten des Fortschritts. In der Hochkonjunktur, wenn der Arbeitsmarkt leergefegt ist, verspricht sie dem Schwarzarbeiter ein Zusatzeinkommen und seinem Kunden günstigere Preise. Ihr Vorteil geht aber zulasten der Allgemeinheit. Seit Einführung der Fünftagewoche infolge der Aktion »Samstags gehört Vati mir« gilt der Sonnabend als Tag der Schwarzarbeit. Manche Beobachter klagen darüber, dass Schwarzarbeit bei vorindustriellen Arbeitsformen, also auf dem Land, kaum zu kontrollieren sei. Ludwig Erhard benutzt Schwarzarbeit als Argument gegen die weitere Verkürzung der wöchentlichen Arbeitszeit. Im Ruhrgebiet ist der Arbeitsmarkt im Jahr 1950 so gut wie leergefegt. Man jage sich schon gegenseitig morgens am Bahnhof die Leute ab. In manchen Gegenden und Berufen werden bis zu 50 Prozent handwerklicher Leistungen von Schwarzarbeitern erbracht. Schwarzarbeiter können es sich nicht leisten, dass ihre Kunden mit der Arbeit unzufrieden sind. Sie sind Unternehmer und Ausführender zugleich.

Sozialpartner

Sozialpartner ■ Die soziale Marktwirtschaft bändigt Klassengegensätze durch Sozialpartnerschaft. Der Gegensatz von Interessen wird verhandelbar. Sind Klassengegensätze daher von gestern? Der DGB befürchtet, die Gewerkschaften könnten das Rote Kreuz hinter der Front des Kapitalismus werden. Ohne relative Unzufriedenheit der Basis verlieren sie ihre Macht. Ein bisschen Konflikt muss sein. Ein schräger Vogel behauptet, die Gewerkschaften passten nicht zur Kultur des Abendlandes. Franz Böhm, einer der Väter der Idee der sozialen Marktwirtschaft, bezeichnet das Mitbestimmungsrecht und Wirtschaftsdemokratie als unausgereifte Ideen. Die Kirchen treten nach dem Krieg ein für die umfassende Mitbestimmung in den Betrieben. Für manche verkleistert das Wort von den Sozialpartnern die Lage. Andere konstatieren, die Klassengegensätze hätten sich in einem Vielfrontenkrieg der Verbände aufgelöst. Der Hass sei weg, dafür wachse der Neid.

Stromsperre ■ Stromsperren sind im Westen fast vorbei, im Osten noch lange nicht. Was ist von einer korrekten Interpunktion zu halten, die man bei Funzellicht nicht sehen kann? Das ist das Dilemma eines ABF-Studenten. Doch auch im Osten Berlins freut man sich über den leuchtenden Westen; noch ist die Mauer nicht gebaut. Man wird wohl noch über den Klassenfeind staunen dürfen. Im Osten schlägt die Stromsperre zuverlässig morgens und abends zu. Ob das Versprechen (»nach Möglichkeit!«) eingehalten wird, dass es während der Weihnachtstage ausnahmsweise keine Stromsperre gibt? Unvergesslich nach dem Krieg Hans Wenzels »Fidelio« im mangelhaft geheizten und durch Stromsperren behinderten Theater des Westens, das nun der Städtischen Oper dient. Ministerpräsident Grotewohl redet 2000 Sündenböcken der ostdeutschen Energieversorgung ins Gewissen. In Bremen wird ein Wohnhaus versehentlich nicht an die 220-Volt-Ader, sondern an die 380-Volt-Leitung angeschlossen. Heidewitzka, gute Nacht!

WIRTSCHAFTSWUNDER

Wirtschaftswunder ■ Es ist ein Wunder unter Vorbehalt. Das Auferstehen aus Ruinen gelingt im Westen besser, weil Demontagen dort ein frühes Ende finden, während der Osten von der Sowjetunion fachgerecht ausgeweidet wird. Die Modernisierung erfolgt unter einer Tarnkappe von Interieurs, denen etwas fehlt. Die Männer sind nicht mehr, was sie einst waren. Sie selbst scheinen es am wenigsten zu wissen, mit Ausnahme der Krieger, die spät aus Sibirien und den Bergwerken des Urals zurückkehren. Die Frauen packen an, aber ihre Gleichberechtigung lässt noch auf sich warten. Im Jahrzehnt der »Beinköniginnen« kosten Nylonstrümpfe 20 Mark, bei Nettolöhnen von 250 Mark. Laufmaschen sind gefürchtet. In der politischen Verfassung werden sie nur verzögert sichtbar. Die ersten Radios, von Grundig als Heinzelmanns geliefert, baut man sich zu Hause zusammen. Die Kaufhaus- und Versandkönige beflügeln den Möglichkeitssinn des Konsums. Man macht es sich in der kleinbürgerlichen Hölle gemütlich. »Wer Sorgen hat, hat auch Likör«, singt Wolfgang Neuss.

Wirtschaftswunder ■ *Im August 1955 rollt der millionste Käfer in Wolfsburg vom Band – und wird zum Symbol des Wirtschaftswunders. Vollbeschäftigung, beginnender Wohlstand, Konsum und neue Hoffnungen kennzeichnen das Jahrzehnt.*

Bildnachweis

Umschlag: ZenStockers/Shutterstock.com (Muster); I love photo/Shutterstock.com (Radio); gorra/Shutterstock.com (Sessel) S.6: ZenStockers/Shutterstock.com; S.9: picture alliance/United Archives/Pilz; S.12: picture alliance/AP Images; S.13: Art_House/Shutterstock.com; S.15: Sabelskaya/Shutterstock.com; S.18: ullstein bild – RDB/ATP; S.20: Sylverarts Vectors/Shutterstock.com; S.22: © Kurt Röhrig/Helga Lade; S.25: ullstein bild; S.28: Lucia Otero/Shutterstock.com; S.30: ullstein bild – E20:E70iger; S.33: Khabarushka/Shutterstock.com; S.36: Lisa Norris Arworks/Shutterstock.com; S.43: picture alliance; S.46 f.: ullstein bild; S.48: Om Yos/Shutterstock.com; S.51: Lisa Norris Arworks/Shutterstock.com; S.52: TeddyandMia/Shutterstock.com; S.55: Farah Sadikhova/Shutterstock.com; S.58: ullstein bild – Oscar Poss; S.62: Dudi/Shutterstock.com; S.64: picture alliance/empics; S.69: ullstein bild – Top Foto; S.72: Diana Rich/Shutterstock.com; S.74: Bakai/Shutterstock.com; S.79: dpa – Sportreport; S.80: Dudi/Shutterstock.com; S.85: Bakai/Shutterstock.com; S.86: dpa; S.88: ZenStockers/Shutterstock.com; S.90: picture-alliance/RIA Nowosti; S.94: picture alliance/Presse-Bild-Poss; S.96: Callahan/Shutterstock.com; S.98: picture alliance/akg; S.101: DenysHolovatiuk/Shutterstock.com; S.106: dpa; S.110: picture-alliance/akg-images; S.112: ZenStockers/Shutterstock.com; S.115: picture alliance/akg; S.120: picture alliance; S.124: StockAppeal/Shutterstock.com; S.126: Bakai/Shutterstock.com; S.126 f.: dpa – Fotoreport

Impressum

© Duden 2019   D C B A
Bibliographisches Institut GmbH, Mecklenburgische Straße 53, 14197 Berlin

Texte © Hans Hütt
Redaktion Juliane von Laffert

Herstellung Ursula Fürst, Maike Häßler
Layout und Satz Dirk Brauns, estra.de, Berlin
Umschlaggestaltung Schimmelpenninck.Gestaltung, Berlin
Druck und Bindung CPI books GmbH, Birkstraße 10, 25917 Leck
Printed in Germany

ISBN 978-3-411-74242-4
www.duden.de